한국판 전도 폭발

한 번만 들어도 예수님을 영접하는 기적 같은 전도방법!
한국판 전도 폭발

- 초판 1쇄 발행 2013년 1월 1일
- 재개정 3쇄 발행 2024년 1월 30일

- 지은이 손현보
- 펴낸이 정종현
- 펴낸곳 도서출판 누가

- 등록번호 제20-342호
- 등록일자 제2008. 8. 30.
- 주소 서울시 강서구 공항대로59다길 276(염창동)
- 전화 02-826-8802 팩스 02-826-8803

- 정가 8,000원
- ISBN 979-11-85677-40-8

* 파본은 교환해 드립니다.
* 이 출판물은 저작권법에 의해 보호를 받는 저작물이므로 무단 복제할 수 없습니다.
* 독자의 의견을 기다립니다.
* lukevision@hanmail.net

'목사님! 전도가 너무 쉬워요'의 저자 손현보 목사의 전도 결정판!

한국판
전도 폭발

한 번만 들어도 예수님을 영접하는 기적 같은 전도방법!

손현보 지음

서문

지금까지 한국 교회의 목회자님들과 성도님들은 한 영혼이라도 더 전도하기 위해 예수님의 십자가 복음을 전하는데 무엇이 최선의 방법인지 찾고자 많은 애를 썼습니다. 하지만 대부분의 방법들이 막상 전도현장에서는 우리나라 정서와 맞지 않을 뿐만 아니라 지침들도 애매모호해서 적용하기 힘들었던 것이 사실입니다.

본인도 대학원에서 공부할 때 "전도폭발훈련"을 받았고 실제 그 내용을 적용하여 불신자들을 전도해 보려고 참 많은 노력을 해보았지만 결실이 미비한 것에 대하여 항상 답답하였습니다. 특히 세계로 교회에 부임하여 불신자들을 찾아다니며 노방전도를 할 때나, 믿지 않는 집에 찾아가 대문을 두드리며 가가호호 축호전도를 할 때에도 어떻게 전도해야 할지 막막하여 참으로 안타까울 때가 한두 번이 아니었습니다.

불교를 믿기 때문에 교회에 다닐 수 없다는 사람들!
제사를 지내야 하기 때문에 예수님을 믿을 수 없다는 사람들!
무종교라면서 아예 들으려고 조차 하지 않으려는 사람들!
죽으면 끝이라는 사람들!

이런 저런 이유 때문에 닫힌 마음의 문을 도무지 열지 않는 사람들을 만날 때면 수없이 묻고 또 물었습니다.

'어떻게 해야 저들에게 예수 그리스도의 복음을 바르게 전할 수 있습니까?
'어떻게 해야 저들을 구원의 길로 인도할 수 있습니까?
'무슨 말을 해야 그들이 예수님을 영접하고 믿을 수 있을까?
'어떤 말을 해야 그들이 이 좋은 예수님을 믿을 수 있을까?

적지 않은 시행착오 끝에 어느 순간부터인가 말씀을 전하면 사람들이 예수님을 영접하는 일들이 일어나게 되었습니다. 몇 마디 말을 하지 않았는데도 선뜻 예수님을 믿는 사람들이 생기게 되었습니다. 너무나 신기했습니다. 복음전하기가 너무 어려웠고 받아들이기도 너무 어려웠는데 어떻게 이렇게 쉽게 예수님을 믿는지 나 자신도 이해할 수 없을 정도였습니다.

그때부터 교회는 폭발적으로 성장하게 되었습니다.
2010년도에는 2001명을 초청하였는데 그 중 815명이,
2011년도에는 1950명을 초청하였는데 그 중 1037명이,
2012년도에는 1970명을 초청하여 그 중 1014명이 예수님을 영접하고 세례를 받아 지난 3년 동안 2866명이 세례를 받는 놀라운 일이 일어났습니다.

교회를 한두 번 나온 사람들을 모아놓고 이 방법으로 복음을 전하다 보니 80퍼센트 넘는 분들이 예수님을 영접하게 되었습니다. 지금까지 부산, 경남 지역에 살고 있는 사람들은 복음을 잘 받아들이지 않는다고 신앙처럼 믿어왔는데 어쩌면 이렇게 쉽게 예수님을 영접하고 믿는지 놀라울 뿐입니다.

차를 타고 1시간 20분 걸리는 울산에서, 2시간이 걸리는 포항에서, 3시간 걸리는 남해 미조리에서, 삼천포에서, 청주에서, 부산, 경남 각지에서 전도되어 예수님을 믿고 있습니다.

인구 150여 명 밖에 살지 않는 이 시골교회에서 일어난 폭발적인 복음전파의 현장을 보고자 지난 한 해 동안에도 수천 명의 사람들이 탐방을 왔습니다.

그리고 이 분들은 이구동성으로 세계로교회의 전도방법에 대하여 정보공유를 요청하였습니다.

사실은 아직도 부족한 것이 너무 많지만 조국 대한민국이 하루라도 속히 복음화 된다면, 한 영혼을 구원하는 일에 조금이라도 보탬이 되어 진다면 이보다 더 귀한 일은 없겠다는 마음으로 '한국판 전도 폭발'이라는 이름으로 책을 내게 되었습니다.

사실 우리는 아무것도 한 것이 없었습니다.
오직 모든 것은 하나님께서 하셨고 우리는 조금 순종했을 뿐이었습니다. 이 책을 통하여 하나님의 소원인 복음전파가 이루어진다면 더 바랄 것이 없겠습니다.

누구나 쉽게 이해되고, 어디서나 보편적으로 적용되고, 어느 때나 전도할 때 바로 사용될 수 있도록 초점을 맞추었습니다. 우리는 이 전도 폭발을 통하여 매주 20명 이상이 예수님을 영접하고 하나님께로 돌아오고 있습니다.

전도를 위하여 수고하는 모든 교우들에게 감사를 드리며 우리를 구원하시고 우리의 모든 것을 공급하시는 우리 주님께 모든 영광을 돌려 드립니다.

"하나님! 감사합니다."

2012년 12월 20일
세계로교회 담임목사 손현보

***
이 책의 저자 수익금 전액은 무료개안수술에 사용됩니다.

사용설명서

한국판 전도 폭발은 복음의 핵심내용을 간결하게, 그러면서도 한국적인 상황에 맞는 적절한 예를 통하여 웃고 울다가 예수님을 그 자리에서 바로 영접하게 하는 내용입니다.
이것은 세계로교회에서 날마다 일어나고 있습니다.

옛날에는 한두 사람을 앉혀놓고 복음을 전했는데 어느 날부터 사람들이 너무 많아 **15명 정도를 한꺼번에 앉혀놓고** 복음을 전하게 되었습니다.
그런데 놀라운 일들이 일어났습니다. 사람들이 많다보니 자연스럽게 **문답형식**을 통하여 복음을 전하게 되었고, 한두 사람에게 복음을 전할 때에는 서로가 어색하고 부담감을 가지게 되었는데 여러 사람에게 문답형식으로 복음을 전하다보니 너무나 재미있어 모두가 웃고 울다가 한마음이 되어 예수님을 영접하게 되었습니다.

세계로교회 부교역자들도 이 전도방법을 가지고 이틀 정도 연습하여 복음을 전하였는데 지금까지 90% 이상의 사람들이 예수님을 영접하였습니다.
전체요약은 목차와 동일합니다.

제1장은 한두 번 교회를 방문한 사람들에게 전할 때 효과적이고
제2장은 한 번도 교회를 나온 적이 없는 사람일지라도 많은 사람들이 예수님을 믿었던 내용입니다.
제3장은 불신자들을 만나 대화할 시간이 5분 내외일 때에 이 방법을 사용하면 복음을 전하는 기회를 얻을 수 있습니다.
또 목사님이 새가족실에서 처음 교회오신 분을 만났을 때에 이 방법을 사용하면 효과가 백점입니다.
제4장은 목회자들과 성도들이 반드시 알아야 될 불교에 대한 기본지식에 대하여 기록하였으므로 읽어보시면 큰 도움이 되시리라 확신합니다.

이 책의 내용을 두세 번 읽고 난 다음, 전도대상자들을 만났을 때에 전체를 다 사용할 수도 있고 필요한 내용만 중간 중간 떼어서 사용해도 놀라운 효과를 볼 수가 있습니다.
(참고로 세계로교회는 이 내용을 가지고 세례문답자들을 가르칩니다.)

너무 쉽다고 소홀히 하지 마시고 가능하면 책의 내용을 충분히 숙지하셔서 복음을 전하시기를 바랍니다.

차례

서문 · 4
사용설명서 · 10

제1장 불신자 전도의 유형 Ⅰ · · · · · · · · · · · · · · · · · · · 16

들어가는 말 · 17

1. 모든 사람은 죄인이다(로마서 3장 23절) · · · · · · · · · · 19
   마음에서부터 시작되는 죄

2. 죄의 결과는 사망이다(로마서 6장 23절) · · · · · · · · · · 24
   죄 바이러스

3. 죽음 이후에는 심판이 있다(히브리서 9장 27절) · · · · · 27
   인간만 영혼이 있다
   쥐와 인간의 DNA

4. 하나님이 만드신 구원의 방법(요한복음 3장 16절) · · · 36
   예수 그리스도를 통한 구원
   다 이루었다
   얼마만큼 믿어야 되는가?

5. 믿는 것이란 영접하는 것(요한복음 1장 12절) · · · · · · 44
   하나님의 자녀
   자녀의 권세
   영접기도
   영접 후의 신앙생활

제2장 불신자 전도의 유형 II ·············· 64

1. 두 종류의 사람 ···················· 65
2. 4대성인 ························ 67
1) 석가모니 ······················ 67
영혼과 윤회설을 부정했던 석가모니
- 성철스님의 열반송
- 성철스님의 유언
- 성철스님이 운명 직전 지옥에 있는 석가를 보고 쓴 시

2) 공자 ·························· 78
- 삼강오륜
- 불교와 제사

3) 예수님-유일한 구원자 ··············· 83
역사의 기준점
- 온도
- 위도
- A.D와 B.C
- 주일

차례

제3장 불신자 전도의 유형 Ⅲ · 98
  1. 처음 교회 온 사람들을 만났을 때의 대화 · · · · · · · · · 99
  2. 무교 믿는 사람과의 대화 · 102
  3. 불교 믿는 사람과의 대화 · 104
  4. 제사 때문에 교회 못 다닌다는 사람들과의 대화 · · 108
  5. 전에 예수 믿었다가 쉬고 있는 사람들과의 대화 · · 110

제4장 불교에 대한 이해 ·················· 114

1. 불교의 특징 ························ 118
2. 불경들 ····························· 121
3. 정통불교 ··························· 122
4. 열반과 해탈 ························ 124
5. 영혼의 존재를 믿지 않았던 붓다 ········· 125
6. 윤회설을 부정한 붓다 ················· 129

제 1장

제1장의 내용은 불신자들이 교회에 한 번, 두 번 참석하고 난 다음 그들을 1~15명 정도로 함께 초청하여 복음의 핵심적인 내용을 설명하고 예수님을 영접하게 하는 것입니다.

복음을 전하는 사람은 자연스러운 분위기 속에서 묻고 대답하므로 모두가 자연스럽게 예수님을 영접하게 하는 데 목적이 있습니다.

어려운 내용이 아니므로 큰 제목들을 숙지하여 이야기하듯 하면 95% 이상의 사람들이 예수님을 영접하게 됩니다.

***
제1장은 제2장과 제3장의 대화를 마친 후 복음제시로 사용하십시오.

불신자 전도의 유형 I

들어가는 말

안녕하세요? 만나 뵙게 되어서 반갑습니다(몇몇 사람과 인사를 나눈다).

오늘 짧은 시간이지만 우리 인생에 있어서 가장 중요한 날이 될 수 있습니다. 오늘 저는 성경에 관하여 간단하게 몇 말씀 드리고자 합니다.
이 성경은 내용이 굉장히 많아 보이고 부피도 두껍게 보이지만 사실 내용은 두 가지로 구성되어 있습니다.
첫째는 '인간은 어떻게 구원을 받을 수 있는가?'라는 내용이고 둘째는 '구원받은 인간은 어떻게 살아야 하는가?'라는 내용으로 구성되어 있습니다.
이 두 가지 내용을 반복적으로 말씀하고 있는 것이 성경입니다.

두 번째 질문은 다음에 차차 말씀드리고 오늘 이 시간은 첫 번째 질문인 '인간은 어떻게 구원을 받을 수 있는가?' 하는 문제에 대하여 알아보도록 하겠습니다.

1. 모든 사람은 죄인이다 (로마서 3장 23절)

원래 하나님은 사람을 창조하시고 행복하게 살기를 원하셨습니다.

그러나 사람들은 죄를 지음으로 이 행복을 잃어버리고 타락하게 되었습니다. 모든 사람은 예외 없이 죄를 지었고 예외 없이 타락하게 되었습니다(롬 3:16).

마음에서부터 시작되는 죄

어떤 사람들은 "나는 죄가 없다"라고 말하는 사람도 있습니다.

예수님 말씀에 의하면 당신은 어떤 사람일까요?
자 보세요. 우리 예수님께서는
"얘들아 너희들은 사람이 직접 살인을 해야 살인자라고 말하지만 그렇지 않다. 너희가 누군가를 미워하면 이미 살인을 한 자와 같다. 너희들이 음욕을 품으면 이미 간음한자와 같고 너희들이 탐심을 품으면 이미 도둑질한 자와 같다"

이렇게 말씀하셨습니다.
이런 하나님의 법에 의하면 우리는 어떤 사람일까요?

질문 김 선생님, 부인에게 욕을 하거나 싸운 적이 있습니까?
대답 네. 있습니다.

질문 한두 번 정도 있었겠죠?(손가락을 내보이며)
대답 아니 많습니다.

질문 네? 많다면 다섯 번 정도 된다는 말씀이십니까?(손바닥을 내보이며)
대답 아니 그보다 훨씬 많죠. 셀 수 없습니다.

질문 뭐라고요? 두 번만 미워해도 두 번을 죽인 것이고 다섯 번만 미워해도 다섯 번을 죽인 것인데 셀 수 없이 죽였다고요?
그럼 살인마잖아요?(익살 궂게)
선생님 알고 보니까 겁나는 분이시군요.
물론 강서경찰서에 고발하지는 않겠습니다.(웃으며)

질문 박 선생님, 아이들에게 혹시 욕을 한 적이 있습니까?
대답 네. 있지요.

질문 박 선생님, 박 선생님도 하나님의 법에 의하면 살인자인 줄 아시겠지요?
대답 그러네요.

질문 어머님도 죄가 있겠죠?
대답 네. 알고 짓는 죄도 있고 모르고 지은 죄도 있습니다.

질문 이 선생님은 얼굴이 온화하고 모나리자보다 더 멋지게 보이시는데 마음속으로라도 남편을 미워하신 적은 없었겠지요?
대답 많이 있지요.

질문 남편을 많이 죽였군요. 남편도 압니까? 큰일 났네요.

저희 집사람을 보고 사람들은
"사모님은 천사 같아요."라고 말합니다.

하지만 그 천사도 열 받고 뿔나면 저를 보고
"아, 밴댕이 속아지 보다도 못한 사람 만나서 내 인생 망치네."
이렇게 얘기합니다. 저 천사도…….
이렇게 말 한마디 할 때마다 나는 죽습니다.
나는 벌써 수천 번 천사에게 죽어서 부활했다니까요.

질문 김 선생님, 저는 목사니까 우리 집사람한테
"야, 이 바보야, 멍충아." 이런 말은 한 번도 안 했겠지요?
대답 잘 모르지만 했겠지요.

질문 했다고요? 김 선생님, 봤습니까?
김 선생님, 맞습니다. 사실 저도 살인잡니다. (웃으며)

그래서 성경은 이렇게 말씀하고 있습니다.

"모든 사람이 죄를 범하였으매 하나님의 영광에 이르지 못하더니"
로마서 3장 23절

하나님의 법에 의하면 이 세상에는 죄 없는 사람이 한 명도 없습니다.

"모든 사람은 죄인"입니다.

착한 일을 아무리 많이 했어도, 성품이 아무리 좋아도 모두 죄인이라고 말씀하십니다.

2. 죄의 결과는 사망이다 (로마서 6장 23절)

그러면 왜 교회는 죄에 대하여 말을 할까요?

교회에서 너무 자주 죄를 언급하기 때문에 불편하다는 사람들이 많습니다. 왜 교회가 죄를 중요하게 여기고 자꾸 이야기하는지 아십니까?
교회 밖 어디에도, 심지어 학교조차 죄에 대하여 침묵하는데 유독 교회는 죄를 중요하게 여기는 이유가 무엇입니까?

죄의 결과로 죽음이 오기 때문입니다.
로마서 6장 23절에 "죄의 삯은 사망이요……"라고 합니다.

모든 사람이 죽는 것은 "죄를 지었기 때문에 죽는다."라고 분명하게 말씀하고 있습니다. 죄를 짓고 나면 죽는다는 게 문제입니다.

죄 바이러스

질문 김 선생님, 제가 며칠 전부터 눈물이 나고 콧물이 나고 재채기가 나옵니다.
혹시 왜 그런지 아시겠습니까?
대답 몰라요. 혹시 감기든 것 아니십니까?

질문 아니 어떻게 아셨습니까?
혹시 의사세요?
대답 의사? 아닙니다.

질문 네. 의사는 아니시지요!
의사가 아니지만 눈물, 콧물, 재채기 나는 것을 보면 우리는 감기에 걸렸다는 것을 알게 됩니다.

눈물, 콧물, 재채기가 나오는 그 현상을 보고 우리는 감기에 걸렸다고 판단합니다. 그러나 사실 이 모든 것은 눈에 보이지 않는 감기 바이러스가 우리 몸에 침투했기 때문에 그렇습니다.
감기 바이러스는 눈에 보이지 않지만 그 현상을 보고 감기에 걸렸다고 아는 것과 마찬가지로 사람들이 죽는 것은 눈에 보이지 않는 죄 때문입니다.

죄가 사람을 죽게 하는 것입니다.

모든 사람들이 다 죽는 것은 모든 사람들이 다 죄를 지었기 때문입니다.

3. 죽음 이후에는 심판이 있다(히브리서 9장 27절)

만약, 사람이 한번 죽고 난 다음이 끝이라면 죽음도 겁날 것이 없습니다.
내가 죽고 나서 공기나 흙이나 무(無)의 세계로 돌아가서 어머니도 모르고, 아버지도 모르고, 처자식도 모르는 그런 세계로 돌아간다면…… 자식을 위해서 수고할 필요가 있을까요?

만약, 인간이 죽고 난 다음이 끝이라면 오래 살 필요는 있을까요?
환경을 지킬 필요는 있을까요?
내가 죽고 나면 이 세계나 그 어떤 관계도 모르는 무의 세계로 돌아간다면 모든 것이 허무하지 않습니까?
만일 죽어서 끝이라면 좋은 일을 할 필요가 있을까요?
어차피 죽어서 끝이라면 말입니다.

문제는 바로 이것입니다.
사람은 죄 때문에 육체적으로 한번 죽고 그 다음에는 반드시 심판이 있다는 것입니다.
히브리서 9장 27절에 "한번 죽는 것은 사람에게 정해진 것이요 그 후에는 심판이 있으리니"라고 말씀하고 있습니다.

인간만 영혼이 있다

질문 김 선생님은 고향이 어디십니까?
대답 진주입니다.

질문 진주시군요. 혹시 가축을 키워보신 적 있으십니까?
대답 가축이요?

질문 네. 뭐 소나 말이나 개나 돼지나 이런 것들을 키워보신 적 있으십니까?
대답 네. 소와 개를 키워 본 적 있습니다.

질문 김 선생님, 혹시 개를 키워보니까 개 중에서 똑똑한 개가 아침에 일어나서 "오, 할렐루야!" 하며 기도하는 것을 보신 적 있지요?
대답 네? 그런 개가 어디 있어요?

질문 그래요? 그럼 혹시 소 중에서 아침에 일어나서 "오, 아미타불!" 하는 소를 보신 적은 있으시죠?
대답 네? 그런 소나 개는 못 봤는데요.

질문 그럼, 역사 가운데 소나 말이나 개나 돼지가 하나님을 믿었다거나 부처님을 믿었다거나 종교를 가졌다는 이야기를 들어보신 적은 있으십니까?
대답 없는데요.

질문 그렇습니다.

소나 말이나 개나 돼지는 수천 년이 지나도 하나님이나 부처님이나 신을 섬겼다는 역사는 없습니다. 역사 이래로 지금까지 발견된 모든 고고학, 문화, 인류학을 연구해 보아도 소나 말이나 개나 돼지가 하나님이나 부처님을 믿었다는 흔적은 없었습니다. 원숭이가 신을 섬겼다는 것도 없습니다. 그런 걸 들어본 적도 없습니다. 왜 그런가 하면 소나 말이나 개나 돼지는 살다가 죽으면 끝입니다.
그들에게는 영혼이 없습니다. 그들은 죽으면 끝입니다.

영혼이 없기 때문에 영혼에 대한 개념자체가 없는 것입니다.
그래서 그 어떤 종교나 내세를 생각할 수가 없는 것입니다.

그런데 사람은 하나님께서 만드실 때 그 속에 영혼을 불어넣으셨습니다. 그래서 사람은 아무도 가르쳐주지 않아도 '죽고 난 다음에 다른 세상이 있을 거야'하는 생각을 하는 것입니다.
사람에게만 영혼이 있기 때문에 사람만 '영혼에 대한 개념'과 '내세 사상'을 가지고 있습니다.

쥐와 인간의 DNA

질문 박 선생님, 쥐 아시지요? 미키마우스 쥐 말입니다.
대답 네.

질문 DNA라는 말도 아시지요?
대답 네.

질문 그런데 혹시 사람과 쥐의 DNA가 몇% 정도 같은지 아십니까?
대답 잘 모르겠는데요. 혹시 5%?

질문 5% 라고요?
아닙니다. 사실은 97% 이상 동일합니다.
그래서 의약품을 개발할 때에 쥐를 가지고 임상실험을 하는 것은 쥐하고 사람하고 DNA가 97% 이상 일치하기 때문입니다.
쥐를 통한 임상실험 결과가 좋으면 사람에게도 97% 이상 효과가 있기 때문에 쥐를 가지고 의약품을 개발하는 것입니다.

질문 그런데 김 선생님, 오랑우탄이나 원숭이를 가지고는 왜 실험을 하지 않을까요?
대답 글쎄요.

질문 너무 비싸서 하지 않습니다.
대답 네? 아~ 네~

질문 김 선생님, 쥐를 보신 적은 있으시죠?
대답 그럼요.

질문 쥐의 DNA가 97% 이상 인간과 동일하기 때문에 쥐들이 모여서 하나님을 섬기거나 예배드리는 것을 보신 적 있으시죠?
대답 네? 쥐들이 어떻게 예배를 드려요?

질문 그렇습니다.
　　　소나 말이나 개나 돼지나 쥐는 어떤 경우에도 종교를 가지거나 내세를 추구하지 않습니다. 왜냐하면 짐승은 DNA가 사람과 비슷하지만 그들 속에는 영혼이 없기 때문에 영원히 산다는 개념자체가 없습니다.

그런데 사람은 영혼이 있습니다. 영혼이 있는 인간은 아프리카에 사는 사람이나 미국에 사는 사람이나 한국에 사는 사람이나 어디에서 살든지 인간은 종교를 가지고 신을 믿습니다. '신을 믿는다.'는 것은 내세를 믿는다는 것입니다.

얼마 전 TV 다큐멘터리를 보았는데 1950~1960년대에 모험가들이 카메라를 들고 브라질의 밀림지역에 들어갔습니다. 그런데 그곳에 살고 있는 사람들은 문명세계와는 단 한 번도 교류한 적이 없는 원시인들이었습니다. 그럼에도 불구하고 그들도 조상신을 섬기고, 해와 달과 숲의 정령을 섬기고 있었습니다.
누가 이 원시인들로 하여금 종교를 가지라고 말했을까요?
아무도 말하지 않았지만 인간은 영혼이 있기 때문에 본능적으로 신을 섬기고 있었던 것입니다.
전 세계 어느 나라 사람이든 다 종교를 가지고 있습니다. 누가 종교를 가지자고 결의하였습니까?

아닙니다. 인간에게는 영혼이 있기 때문에 누가 말하지 않아도 신을 섬기게 되어 있습니다.

그래서 지금부터 3000~4000년 전에 저 이집트의 파라오라고 하는 왕들은 자기가 죽고 난 다음에 내세가 있을 것이라 믿고 어마어마한 피라미드를 만들어 내세를 준비하였습니다.
'죽고 난 다음에 내세가 있을 거야.
죽고 난 다음에 다시 살아날 거야.'

지금부터 2200년 전에 중국을 통일했던 진시황제도 '죽고 난 다음에 무엇인가 새로운 세계가 있을 거야.'라고 생각해서 엄청나게 많은 사람들을 동원해 지하에 무덤을 파고 자기 혼자 죽지 않고 다른 사람들을 데리고 들어갔고 심지어 말도 데려가고 자기하고 놀아준 개까지도 데려가서 묻혔습니다.

제사는 왜 지낼까요?
내세가 있다고 어렴풋이 믿기에 제사를 드리는 것이 아닐까요?

왜 인간만 그럴까요?

아무도 가르쳐 주지 않는데 왜 인간만 내세를 생각할까요?
인간에게는 영혼이 있기 때문입니다.
인간은 한번 죽음으로 끝이 아닙니다.
반드시 심판이 있습니다.

그런데 가장 큰 문제는 모든 인간은 죄를 가지고 있고 심판에서 벗어날 수가 없다는 것입니다.

4. 하나님이 만드신 구원의 방법 (요한복음 3장 16절)

질문 이 선생님, 따님을 무척 사랑하신다고 들었습니다. 맞습니까?

대답 네. 눈에 넣어도 아프지 않을 만큼 사랑하지요.

질문 그런데 따님이 학교 갔다 오는 길에 하수구에 빠져서 머리부터 발끝까지 오물이 묻어 집에 돌아오면 딸이 너무 착하고 눈에 넣어도 아프지 않을 만큼 예쁘기에 딸을 끌어 안고 방에 데리고 들어가시겠습니까?

대답 아니요.

질문 그럼 어떻게 하십니까?

대답 씻어야 됩니다.

질문 그렇지요. 아무리 사랑하는 딸이지만 깨끗하게 씻고 난 다음에야 방으로 들이겠지요?

하나님도 우리를 눈동자처럼 사랑하시지만 죄 있는 이대로는 천국에 데리고 들어갈 수가 없습니다.
죄를 씻어야 합니다.

그런데 우리 모두는 죄가 있기 때문에 나 자신을 구원할 수도 없고 다른 사람은 더더욱 구원할 수가 없다는 것입니다. 이제 우리의 운명은 육체의 죽음과 영적인 심판 밖에 없습니다.
절망할 수밖에 없는 인간을 위하여 하나님은 구원의 방법을 만드셨습니다.

예수 그리스도를 통한 구원

그것은 바로 죄 없으신 예수님을 이 땅에 보내어서 우리 죄를 대신하여 그분이 십자가에 죽으심으로 우리 죄를 대신 씻으셨다는 것입니다.

성경 66권을 딱 한 절로 줄인 성경구절이 있는데 이것이 바로 요한복음 3장 16절입니다. 너무 중요해서 어릴 때부터 노래로 만들어 주일학교에서부터 가르치고 있습니다.

> "하나님이 세상을 이처럼 사랑하사 독생자를 주셨으니 이는 그를 믿는 자마다 멸망하지 않고 영생을 얻게 하려 하심이라" 요한복음 3장 16절

우리는 다 우리 죄 때문에 심판을 받아 멸망을 받을 수밖에 없지만 예수님께서는 이 죄의 빚을 대신 갚으시려고 십자가에 달려 돌아가셨습니다. 이 사실을 받아들이고 인정하는 사람은 구원을 받게 됩니다.
이 사람들이 예수님을 믿는 사람들입니다.

교회마다 십자가가 있습니다.
왜 십자가를 달아 놓았을까요?
이것은 예수님이 십자가에 죽으심으로 내 죄를 용서하셨다는 사실을 믿는다는 의미입니다.

다 이루었다

예수님께서 십자가에 달려 마지막으로 외치신 말씀이 "다 이루었다."였습니다. 이 말은 헬라어로 '테텔레스타이'라는 단어였는데 이 단어는 상업적인 용어로서 '값을 지불했다', '영수증처리가 끝났다'라는 의미였습니다.

질문 김 선생님이 만약 사채업자에게 돈을 빌렸는데 도저히 갚지 못하여 신체포기각서를 쓸 지경이 되었습니다. 이 사실을 알게 된 부모님께서 김 선생님 대신으로 이 빚을 갚아주었다면 김 선생님은 사채업자에게 다시 빚을 갚을 필요가 있을까요?

대답 부모님이 내 대신 빚을 갚았기 때문에 다시 갚을 이유가 없죠.

질문 부모님이 대신 빚을 갚았는데도 사채업자가 와서 또 빚을 갚으라고 한다면 어떻게 하시겠습니까?

대답 부모님이 빚을 갚은 서류를 보여주면 되겠네요.

질문 그렇습니다. 이 영수증만 있으면 됩니다.
그 영수증이 바로 '테텔레스타이'입니다.

예수님께서 십자가에 못 박혀 돌아가실 때 마지막으로 '테텔레스타이'라고 외치신 것은 나를 믿는 자는
"너의 모든 죄의 빚을 갚았다."
"죄의 빚이 청산되었다. 영수증처리가 끝났다"는 의미입니다.

그러므로 예수님께서 '내 죄를 위하여 십자가에 죽으셨다'라는 사실을 믿으면 누구든지 구원을 받습니다. 여기에 구원을 받는 사람의 조건은 오직 하나, '예수님을 믿는 자'입니다.

얼마만큼 믿어야 되는가?

그러면 의문이 생깁니다. 도대체 얼마만큼 믿어야 구원을 받을 수 있을까요?

질문 박 선생님, 얼마만큼 믿어야 구원을 받을까요?
대답 열심히 믿어야 되겠지요.

질문 김 선생님, 얼마만큼을 믿어야 구원을 받을까요?
대답 끝까지 잘 믿어야 되겠지요.

질문 박 선생님, 열심히 믿거나 끝까지 잘 믿는 기준은 무엇일까요?
대답 글쎄요?

저는 스님의 도움으로 등록금을 받고 절에서 신학교를 다녔습니다.
신학생인 저는 스님께 질문을 많이 했습니다.

"스님은 오늘 세상 떠나시면 극락에 가실 수 있겠습니까?"
스님은 언제나 묵묵부답이었습니다.
답답한 저는
"스님, 무엇을 해야 극락에 갈 수 있을까요?"
그때서야 스님은,
"자비를 베풀어야지."
저는 또 물었습니다.
"스님, 얼마만큼 자비를 베풀어야 극락에 가지요? 그 기준이 무엇입니까?"
여기까지 오면 스님은 언제나처럼 대답이 없으셨습니다.

불교계의 큰 스님 되시는 성철스님은 7년 동안이나 앉아서 잠을 자는 등 도를 닦았지만 정작 세상을 떠날 때 "나는 지옥에 떨어진다"고 외쳤습니다.

5. 믿는 것이란 영접하는 것 (요한복음 1장 12절)

성경에 보면 하나님은 그 기준을 분명하게 말씀해 놓으셨습니다.

"영접하는 자 곧 그 이름을 믿는 자들에게는 하나님의 자녀가 되는 권세를 주셨으니" 요한복음 1장 12절

질문 어떤 사람이 구원받는다고 하였습니까?
대답 '믿는 자'라고 되어 있습니다.

질문 맞습니다.
성경에서 구원을 받는다는 말 앞에는 반드시 조건이 따라오는데 그 조건은 오직 하나 '믿는 자'입니다.

그런데 '믿는 것'이란 도대체 무엇일까요?
여기에 보니까 '영접하는 자 = 곧 예수님을 믿는 자'라고 되어 있군요.
그렇습니다. 예수님을 믿는다고 하는 것은 쉽게 말해서 예수님

을 영접한다는 의미입니다.

질문 이 선생님, 만약 오늘 저희 부부가 이 선생님을 찾아간다면 문을 열어 주시겠습니까?
대답 목사님이시니까 당연히 문을 열어 드려야지요.

질문 원래 아무에게나 문을 열어 주십니까?
대답 아닙니다.

질문 이 선생님은 저희를 정확히 잘 아시지는 못하지만 세계로교회를 담임하고 있는 목사이기에 문을 열어 주신다는 그 말씀이죠?
대답 네. 그렇습니다.

질문 이 선생님, 그것이 바로 저희들을 영접하신 것입니다. 영접이라고 하는 것은 저희들을 거절하지 않고 어서 들어오시라고 받아들이는 것을 말합니다.

얼마 전에 미국대통령이 한국에 왔습니다. 우리나라 정부요인과 군악대가 팡파르를 울리며 그들을 맞이했습니다. 그때 TV화면 자막에 "공항영접"이라는 자막이 보였습니다.

영접이라고 하는 것은
"당신이 우리나라에 오는 것을 환영합니다."
"당신이 우리나라에 오는 것을 받아들입니다."라는 뜻이지요.

질문 만약 테러범이나 마약사범이 한국에 들어온다면 정부당국은 어떻게 할까요?
대답 당연히 추방해야 되지요.

질문 그렇습니다. 우리나라 국익에 도움이 되지 않는 그들은 추방시킵니다.
영접의 반대말은 추방이고 거부인 것입니다.

추방이란 "당신과 같은 사람이 우리나라에 들어오는 것을 거부합니다"라는 뜻입니다.

그러므로 예수를 믿는다는 것은 예수님께서 내 죄를 위해 돌아가셨음을 영접하고 받아들이고 환영하는 것입니다.

"나는 예수님을 믿습니다.

내 죄를 위하여 십자가에 돌아가신 것을 믿습니다.

나도 구원받고 하나님의 자녀로 살고 싶습니다.

나는 예수님을 환영합니다."

이것이 영접입니다.

거부하지 않는 것입니다.

> "볼지어다 내가 문밖에 서서 두드리노니 누구든지 내 음성을 듣고 문을 열면 내가 들어가 그와 더불어 먹고…마시리라" 요한계시록 3장 20절

이 사람이 믿는 사람이고, 이 사람이 구원을 받는 것이고, 이 사람이 하나님의 자녀가 됩니다.

제1장 불신자 전도의 유형 I

하나님의 자녀

여기에 대하여 어떤 사람들은 의아하게 생각합니다.
구원받는 것이 이렇게 쉽단 말인가?
이런 질문을 예상하시고 하나님은 "영접하는 자 곧 그 이름을 믿는 자 = 하나님의 자녀"가 된다고 말씀하셨습니다.
왜 하나님은 믿는 사람을 하나님의 자녀로 비유했을까요?
그것은 우리가 예수님을 믿는 것과 자녀를 낳아서 기르는 것과 너무나 유사하기 때문입니다.

질문 박 선생님, 자녀가 있으시지요?
대답 네. 그렇습니다. 딸 둘이 있습니다.

질문 그 딸을 병원에서 출산하셨다면서요?
대답 네. 병원에서 낳았습니다.

질문 그런데 제가 듣기로는 엄마가 딸을 낳고 간호사가 딸을 보여줄 때 따님이 이렇게 말했다면서요?
 "아이고, 어머니, 반갑습니다. 수고하셨어요."

대답 네? 아닌데요.

질문 아닙니까? 아~ 아버님께 인사를 했군요.
"아버님, 엄마 뱃속에서 말씀은 많이 들었습니다. 처음 뵙겠습니다."
이렇게 인사했다면서요?
대답 안 했는데요.

질문 아니 그럼 인사도 하지 않고 알아보지도 못했단 말씀이에요?
대답 네? 애기가 어떻게 알아봐요.

질문 아~ 그래서 부모도 못 알아보니까 애기를 갖다 버렸겠군요?
대답 잘 키우고 있는데요.

질문 아니 부모도 못 알아보고 인사도 하지 않는 애기를 왜 키우죠?
대답 말은 못해도 내 자식이니까요.

그렇습니다. 자녀를 낳아 기르는 것과 예수님을 영접하고 하나님의 자녀가 되는 것은 너무나 비슷합니다. 그래서 하나님을 믿는 자는 하나님의 자녀가 된다고 말씀했습니다.

자녀가 태어나 말도 못하고 똥 싸고 오줌 싸고 울기만 하지만 부모는 자녀를 보호하고 지키고 필요한 모든 것들을 공급하는 것과 마찬가지로 우리가 예수님을 영접할 때에 아직 하나님을 잘 모르고 찬양할 줄도 모르고 기도할 줄도 모르지만 하나님은 우리를 지키시고 보호하시고 인도하십니다.

얼마 전에 어느 할머니 집사님이 소천하셨습니다.
할머니께서 위독하시다는 이야기를 듣고 집으로 달려갔습니다.
할머니는 숨을 몰아쉬며 마지막으로 기도하듯 입술을 움직였습니다.

"주여"
"주 ~ 여 ~"

그리고는 숨이 멎었습니다.
나는 할머니의 손을 꼭 잡고 기도했습니다.

"주여, 당신의 딸의 영혼을 받아 주옵소서."

그때에 돌아가신 줄 알았던 할머님이 "휴~"하며 숨을 내쉬었습니다. 그리고는 마지막으로 다시 한 번 속삭이듯 그러면서도 분명하게 외쳤습니다.

"아이고, 오메요(어머니)~"

그리고는 숨을 거두었습니다.
저는 그 할머님을 잊을 수 없습니다. 그 할머님은 여든이 다 되었고 그가 마지막에 불렀던 어머님은 이미 수십 년 전에 세상을 떠났습니다. 여든이 넘은 할머니가 수십 년 전에 떠난 어머님을 마지막 순간에 떠올렸던 것입니다.

그 할머니 집사님도 태어난 날이 있었겠지요.
그 할머니 집사님도 태어났지만 부모님을 알아보지 못한 때도 있었겠지요.
그 할머니 집사님도 태어났지만 부모님의 은혜를 깊이 몰랐던 때가 있었겠지요.

그러나 마지막 순간까지 할머니 기억 속에는 그 어머님이 있었습니다. 어머님의 은혜는 살아갈수록 더욱 선명하게 기억되기 때문입니다.

질문 김 선생님은 군대 갔다 오신 적이 있으십니까?
대답 만기제대 했습니다.

질문 신병훈련은 어디에서 받았습니까?
대답 논산훈련소입니다.

질문 아이쿠 반갑습니다. 저도 논산훈련소에서 훈련을 받았습니다.
그럼 혹시 눈물고개라고 알고 계십니까?
대답 당연히 알지요.

논산훈련소에서 신병훈련을 빡시게 받고 숙소로 돌아갈 때 눈물고개에 도착하게 됩니다.
눈물고개에 도착하게 되면 조교가 외칩니다.
"제자리 섯!"

"뒤로 취침!"

그러면 모든 병사들이 순식간에 하늘을 향하여 드러눕습니다.

그러면 조교가 또 외칩니다.

"하늘에 무엇이 보입니까?"

어떤 병사가 말하길 "구름이 보입니다."

"이리 나와" 조교가 불러냅니다.

"뭐가 보인다고?"

"하늘이 보입니다."

그러면 한 대 얻어맞고 들어갑니다.

다시 조교가 병사들을 향하여 묻습니다.

"하늘에 무엇이 보입니까?"

"그때야 병사들은 이구동성으로 외칩니다."

"어머님 얼굴이 보입니다."

그러면 모두가 '어머니의 은혜'라는 노래를 부릅니다.

"낳실 제 괴로움 다 잊으시고

기를 제 밤낮으로 애쓰는 마음

진자리 마른 자리 갈아 뉘시며

손발이 다 닳도록 고생하시네

하늘아래 그 무엇이 넓다 하리오

제1장 불신자 전도의 유형 I

어머님의 희생은 가이 없어라"

모든 병사들이 눈물을 흘립니다.
어떤 병사는 어린아이처럼 소리 내어 엉엉 울기도 합니다.

어릴 때는 아무것도 몰랐지만 부모님의 은혜는 커갈수록 잊을 수 없기 때문입니다.

예수님을 영접하는 것도 이와 같습니다.
오늘 예수님을 영접하고 믿는다고 해서 우리는 하나님에 대하여 다 아는 것이 아닙니다.
또한 하나님의 은혜에 대하여 감격하는 것도 아닙니다.
우리는 아이와 같습니다.
그러나 한 달이 지나고 두 달이 지나고 어느 날 하나님의 은혜를 알게 될 것입니다.
그래서 교회에 가보면 어떤 사람들은 울고 있는 사람도 있습니다.
어릴 때는 몰랐던 부모님의 은혜를 생각하며 나이가 들어 어머님의 이름만 불러도 눈물을 흘리는 어른들처럼 말입니다.

자녀의 권세

예수님을 영접하고 믿기로 작정하는 자는 하나님의 자녀로 태어나게 됩니다.

질문 김 선생님, 자녀가 몇 분이지요?
대답 아들 하나 딸 하나입니다.

질문 그 아들이 이번에 대학을 졸업한 아들입니까?
대답 네, 그렇습니다.

질문 나이가 몇 살이지요?
대답 스물일곱입니다.

질문 제가 듣기로는 그 아들이 금년 부모님 결혼기념일에 그랜저를 한 대 사 주셨다면서요?
대답 네? 아닌데요.

질문 아~ 제가 잘못 알았군요. 소나타를 한 대 사주셨다는 말

쏨인가요?

대답 아무것도 사준 것이 없습니다.

질문 그래요? 그러면 27년 동안 자녀를 키웠는데 그랜저 한 대도 안 사줬단 말이에요?

대답 …….

질문 김 선생님께서 27년 동안 자녀를 키우셨잖아요. 27년은 긴 세월이지요. 그 세월 동안에 먹이고 입히고 재우고 학교 보내고 등록금 주고 모든 수고를 아끼지 않으셨죠?

대답 네. 자녀니까 당연히 그렇게 해야지요.

질문 그 긴 세월 동안 자녀를 키워 오셨는데 그 자녀가 지금까지 부모에게 무엇을 선물했습니까? 돈으로 환산한다면 가장 비싼 선물이 무엇이었습니까?

대답 글쎄요. 어버이날에 꽃다발하고 화장품세트를 사온 것 같네요.

질문 뭐라고요? 아니 27년을 먹이고 입히고 재우고 다 했는데 화장품세트라고요?

그 화장품세트가 얼마짜리입니까?

대답 20만 원 안팎이죠.

질문 김 선생님, 정신 차리세요. 왜 이래요. 겉은 멀쩡하면서. 27년을 키워줬는데 고작 화장품세트 하나 받았다고요? 그런데도 김 선생님이 그 화장품세트 하나 받고 좋아서 이웃 사람들한테 자랑했다면서요. 그게 정상입니까? 한 달만 애기 봐줘도 몇 십만 원을 받는데 27년을 키우고 화장품세트하나 받았다고 좋아하는 것이 정상입니까?

대답 뭐, 그래도 기쁘고 즐겁습니다.

질문 김 선생님, 제발 정신 차려요.

그럼 앞으로도 장가가고 살아 갈 때에 힘이 닿는 대로 도와줄 계획이십니까?

대답 능력만 있으면 도와주고 싶은 것이 부모의 마음 아니겠습니까?

그렇습니다. 이것이 자녀의 권세입니다. 부모는 자식을 위하여 모든 것을 해 주고도 더 해주고 싶은 것입니다.

얼마 전에 미국에 있는 딸한테서 집사람에게로 전화가 왔습니다. 제가 언뜻 들어보니 좋아하는 고구마가 먹고 싶다는 이야기 같았습니다. 곁에서 들었지만 저는 우리 집사람한테
"고구마 절대 보내지 말아요."라고 했더니
"애가 하는 말이지 고구마는 무슨 고구마요. 보내지 않을 거예요."
그런데 며칠 뒤 심방을 갔다 오니 현관에 고구마가 두 박스 와 있었습니다.
저는 그 고구마를 보고 우리 집사람에게
"여보, 고구마 보내지 말라 했는데 왜 고구마를 사 가지고 왔어요?"
"심방할 고구마지 애한테 보낼 고구마가 아니에요."
그런데 며칠 뒤 휴대전화로 문자가 왔습니다.
"고객님이 보낸 고구마가 시애틀 공항에 도착했습니다."
그래서 제가 우리 집사람에게 말했습니다.
"고구마 보내지 않는다더니 이 문자는 뭐예요?"
"여보, 우리 딸이 고구마 먹고 싶다잖아요."
이것이 자녀의 권세입니다. 미국에서 전화했는데 한국에서 부

모가 고구마를
'사서'
'씻고'
'삶고'
'말려서'
'미국까지 보내게 하는 것'
이것이 자녀의 권세입니다.

오늘 당신이 예수님을 구주로 믿고 영접한다면 당신은 하나님의 자녀가 된 것입니다.
하나님이 당신의 죄를 용서하실 것입니다.
하나님은 당신의 필요를 채워 주실 것입니다.
하나님은 당신의 기도를 들어 주실 것입니다.
하나님은 당신을 천국으로 인도할 것입니다.
이것이 하나님을 믿는 당신의 권세입니다.

질문 김 선생님, 아직 예수님을 잘 모르지만 예수님을 영접하여 죄 용서함을 받고 사시겠습니까? 아니면 예수님을 거부하시겠습니까?

예수님을 거부한다고 하는 것은
"예수님, 나는 예수님을 믿지 않습니다. 내 인생에 필요 없습니다. 내 죄 때문에 지옥에 가든 멸망을 받든 신경 쓰지 마십시오." 하는 것입니다.

김 선생님은 예수님을 영접하고 사시겠습니까? 아니면 거부하시겠습니까?

대답 저는 예수님 믿고 살겠습니다.

질문 박 선생님, 예수님 영접하고 사시겠습니까? 아니면 거부하고 사시겠습니까?

대답 저도 예수님을 영접하고 살겠습니다.

질문 이 선생님도 지금까지는 자신을 믿고 살아왔지만 죄 용서함을 받고 예수님을 영접하고 사시겠습니까?

대답 저도 예수님을 영접하고 살겠습니다.

여러분 모두를 축하합니다.
예수님을 영접한 여러분들은 지금 이 시간부터 하나님의 자녀로 새롭게 태어나게 되었습니다. 하나님께서 여러분들을 눈동

자처럼 보호하고 지켜주실 것입니다.

여러분들이 기도할 때 하나님은 반드시 들어주실 것입니다.

영접기도 • • •

예수님, 나는 죄인이었습니다.
예수님이 아니면 멸망 받을 수밖에 없는 인간임을 알았습니다.
나의 죄를 대신하여 십자가에 돌아가셨음을 믿습니다.
이제부터 예수님을 나의 구원자로 모시고 살겠습니다.
제 맘에 오셔서 저를 다스려 주시옵소서.
예수님 이름으로 기도드립니다. 아멘.

영접 후의 신앙생활···

예수님을 영접하고 믿어 하나님의 큰 은혜를 받고 살려면,

첫째, 무엇보다 예배를 잘 드려야 됩니다.
우리는 예배를 통하여 하나님께 영광을 돌리게 됩니다.
하나님은 예배를 통하여 우리에게 복 주시고 자신을
나타내 보여주십니다.
신앙생활의 가장 기본은 예배를 잘 드리는 것입니다.
그러므로 주일은 예배하는 날로 구별하여 지킬 때에 신앙이
성장하게 되고 예수 믿는 즐거움을 맛보게 됩니다.

둘째, 예수 믿는 사람은 기도를 해야 됩니다.
기도는 하나님의 자녀들만 할 수 있는 특권입니다.
기도는 하나님과의 대화입니다.
자녀가 부모와 대화를 통하여 친밀감을 느끼고 필요를
공급받는 것처럼 기도하므로 하나님의 도움을 얻고
더욱 친밀한 관계를 유지할 수 있습니다.

제2장

제2장의 내용은 교회를 한 번도 나와 보지 않은 사람이나
한두 번 나온 사람들 1~15명 정도를 대상으로 하여 자신들이
이미 알고 있는 지식을 통하여 예수 그리스도를
구주로 받아들이게 하는 데 목적이 있습니다.
지금까지 이 방법을 통하여 복음을 전하였을 때
한 번도 교회를 나와 본 적이 없는 사람도 85% 이상이
예수님을 영접하게 되었습니다.

***
제2장 대화를 마친 후 제1장을 복음제시로 사용하십시오.

불신자 전도의 유형 II

1. 두 종류의 사람

세상에는 종교적으로 볼 때 두 종류의 사람들이 살고 있습니다.

첫째, 예수님을 믿는 사람
예수님을 믿는 사람들이란,
예수님이 구약에서 예언하신대로 메시아로 오셨고
우리 죄의 빚을 갚으시기 위하여 십자가에서 죽으심과
부활하셨다는 사실을 믿는 사람들입니다.

둘째, 예수님을 믿지 않는 사람
예수님을 믿지 않는 사람들이란,
예수님을 4대 성인 중의 한 분으로는 인정하지만,
자신의 구원자로는 받아들이지 않는 사람들입니다.

질문 김 선생님, 혹시 4대 성인이 누군지 아십니까?
대답 예수님, 공자님, 부처님, 소크라테스 아닙니까?

질문 대단하십니다. 누가 가르쳐 주시던가요?
대답 학교에서 다 배웠습니다.

질문 그럼, 성인의 공통점은 어떤 것들일까요?
대답 인류가 본받을 만한 삶을 살았던 사람들이 아닐까요?

질문 그렇지요. 한마디로 말하면 훌륭하신 분들이라는 말씀이시죠?
대답 네.

석가, 공자, 소크라테스는 제가 볼 때도 성인인 것 같습니다.

2. 4대 성인

1) 석가모니

석가모니는 마야왕국의 왕자로 태어났습니다.
어느 날 장례 행렬을 보면서 그는 깊은 생각에 빠졌습니다.
'인간은 태어나서 왜 늙고 병들고 고통을 당하다 죽는가?'
그래서 그는 왕궁을 나와서 도를 닦기 시작했습니다.
힌두교에서 하는 것처럼 육체를 고통스럽게 하므로 구원을 얻고 도를 깨우치려고 했지만 이런 것을 통해서는 도를 깨우칠 수 없다는 것을 깨닫고 힌두교에서 뛰쳐나왔습니다. 그래서 힌두교로부터는 이단이라고 배척을 받게 되었습니다.

그가 깨달은 것은 인생이 가지고 있는 108번뇌는 다 욕심으로부터 온다는 것이었습니다.
욕심을 버리고 버리다보면 나 자신이 살아있다는 것조차도 잊어버리는 때가 오고 내가 있는지 없는지도 모르는 무아의 경지에 이르게 되는데 (무아:나 자신도 없다) 이것이 바로 "니르바나" 즉 "열반의 세계"라는 것입니다.

석가모니는 이런 사실을 깨닫고 사람들에게 고통을 안겨다 주는 욕심을 버리고 살기를 권고했습니다.

그러나 석가모니는 단 한 번도 자신을 믿으면 극락에 갈 수 있다고 말한 적이 없습니다.
제자들이 "사람이 죽고 난 다음은 어떻게 됩니까?"라고 물었을 때 "내가 살아서의 일도 모르는데 죽고 난 다음의 일을 어떻게 알겠느냐"
라고 대답하셨습니다.

만행스님의 저서 『하버드에서 화계사까지』라는 책에서도 나와 있듯이 석가모니는 제자 목련에게 "나는 도를 찾아가는 구도자이지 구원자가 아니다."라고 말하며 자신이 예언자나 신의 메신저라고 불려지는 것에 대하여 단호히 거부했습니다.
석가모니는 숨을 거두기 직전 "모든 사물은 반드시 소멸한다는 것을 명심하고 수행하라."고 말씀하였습니다.

영혼과 윤회설을 부정했던 석가모니

불교는 깊이 들어가면 들어갈수록 무의 세계입니다.

석가모니는 심지어 윤회설조차 부정하였습니다.
윤회설의 교리는 원래 힌두교의 교리였습니다.
윤회설이란, 전생에 죄를 지으면 낮은 계급(카스트)에 태어나고 전생에 선을 행하면 높은 계급에 태어난다는 것입니다.

석가가 살았던 사회는 카스트제도가 모든 것을 결정했습니다.
사회생활도 결혼도 오직 카스트에 의해서 결정되었습니다.
높은 카스트에 태어난 사람은 전생에 선을 행하여 높은 카스트에 태어났기 때문에 낮은 카스트에 태어난 사람을 도와주기보다는 자신들의 권리만 주장하였습니다.
반면 낮은 카스트(천민)에 태어난 사람들은 죽고 난 다음 더 좋은 신분으로 태어나기 위해서는 "지금 자신의 카스트에서 불평하지 않고 만족하며 어떤 수치와 모욕도 받아들이고 순응할 때에 더 좋은 신분으로 태어날 수 있다"는 교리였습니다.
석가가 볼 때 이 카스트제도는 권력을 가진 자의 욕심을 채우는 수단이었습니다. 카스트제도에 의해서 신분은 고착화되고 무너지지 않는 철옹성이 되었습니다.

그러므로 석가모니는 이 카스트제도를 인간이 만든 제도 중 "가장 사악한 제도"라고 선언하고 카스트제도를 뒷받침하는 윤회설을 부정하였습니다.

석가모니는 윤회설을 주장하는 이상, 카스트제도가 없어지지 않을 것으로 보았기 때문입니다.

석가모니가 윤회설을 부정하자 제자들이 물었습니다.

"그럼 영혼은 어떻게 됩니까?"

석가모니는 제자 아난과 춘다에게 "네가 영혼을 보았느냐?"고 묻자 제자들이 "보지 못하였습니다."라고 말하였습니다.
그러자 석가가 다시 말하기를 "보지 않은 것을 어떻게 믿을 수 있느냐?"라며 영혼의 존재를 부정하였습니다.
영혼을 믿지 않았던 석가는 우리가 알고 있는 극락도 인정하지 않았습니다.
제자들이 "영혼도 없고 윤회설도 없다면 남는 것은 무엇입니

까?"라고 묻자

석가모니께서 말하기를 "영혼은 없지만 재생은 있다."라며 망고나무를 가지고 설명하였습니다.

"망고나무에 망고가 열리면 그 망고가 떨어져서 다시 열매를 맺고, 그 열매가 떨어져서 또 다시 열매를 맺으므로 원래 망고나무는 사라졌어도 망고는 계속 재생된다. 그러나 그 망고나무에 영혼은 없다."라고 하였습니다.

우리가 알고 있는 천도제나 49제 등은 석가모니도 모르는 것이었습니다.

이런 것들은 석가모니 사후 수백 년이 지나서 사람들이 만들어낸 것입니다.

석가모니의 신앙의 수호자로 불려졌던 대표적인 두 제자는 사리불과 목련이었습니다.

그 중 한 명인 사리불은 자신이 죽을 때가 가까워졌음을 알고 마지막으로 석가모니를 만났을 때에 "우리는 환생을 믿지 않습니다. 그러므로 이것이 석존과 저 사이의 마지막 만남입니다. 더 이상의 만남은 없을 것입니다."라고 말했습니다.

(참고 : 영혼존재의 부정과 윤회설의 부정에 대하여 깊이 알고 싶으면 '인도로 간 붓다' - 암베드카르Ambedkar, 1891년~1956년의 책을 참고하

시기 바랍니다.)

암베드카르는 간디와 동시대에 살았던 사람으로서 그가 탄생했을 때 국경일로 지정될 정도로 유명한 사람이었습니다.

그는 불가촉천민 출신임에도 불구하고 봄베이대학교 엘핀스톤 칼리지를 졸업한 후 컬럼비아 대학교에서 석사학위와 철학박사 학위를 취득하였으며, 영국의 식민지인 인도에서 노동부장관을 시작으로 1947년 독립 인도의 법무장관, 인도 헌법 초안적성위원회 의장 자리까지 오르기도 했습니다.

암베드카르가 이룬 가장 큰 공헌은 일생 동안 불교와 석가모니의 생애를 연구하여 1950년대에 20만 명밖에 되지 않던 인도의 불자들을 1억 명까지 개종시켰다는 것입니다.

그는 불교의 핵심진리를 정리하여 『인도로 간 붓다 -그의 삶과 가르침』이라는 책을 펴냈는데 그 책에 의하면 석가모니는 영혼의 존재를 철저히 부정했다고 기록되어 있습니다.

뿐만 아니라 석가모니는 영혼에 기초하는 종교는 무가치한 것이고 단지 미신을 만들어낼 뿐이라고 확고하게 생각했습니다.

"붓다는 영혼을 믿었는가? 그는 믿지 않았다. 그의 영혼설은 아나타, 즉 무영혼설로 불려지고 있다."(이상근 옮김, 청미래 펴냄,

188쪽 9행 참조.)

다시 한 번 말씀드리지만, 석가모니는 단 한 번도 자신을 구원자라고 한 적이 없습니다.

그는 마지막 유언에서도 자신은 어디까지나 진리를 찾아가는 구도자라고 말씀하시며 내가 깨달은 것은 여기까지지만 더 좋은 진리가 있다면 거기를 찾아가라고 제자들에게 권면하였습니다. 뿐만 아니라 자기의 신상을 만들지도 말고 제사도 지내지 말라고 유언하였습니다.

질문 김 선생님, 김 선생님은 예전에 불교를 믿는다고 하셨잖아요?
대답 네. 그렇습니다.

질문 윤회설도 믿었습니까?
대답 네, 당연히 윤회설도 믿었죠.

질문 지금 알고 보니 김 선생님은 불교를 믿은 것이 아니고 힌두교를 믿고 있었군요.

대답 거~참! 알고 보니 황당하네요.

〔참고로 아래의 글은 성철스님의 열반송과 유언, 그리고 운명 직전에 한 말입니다.〕

성철스님의 열반송

生平欺狂男女群(생평기광남녀군)
- 일평생 남녀무리를 속여 미치게 했으니

彌天罪業過須彌(미천죄업과수미)
- 그 죄업이 하늘에 미쳐 수미산보다 더 크구나

活陷阿鼻恨萬端(활함아비한만단)
- 산채로 불의 아비지옥으로 떨어지니 한이 만 갈래나 되는지라

一輪吐紅掛碧山(일륜토홍괘벽산)
- 한 덩이 붉은 해가 푸른 산에 걸렸구나

성철스님의 유언

내 죄는 산보다 높고 바다보다 깊은데 내 어찌 감당하랴

내가 80년 동안 포교한 것은 헛것이로다

우리는 구원이 없다

죄 값을 해결할 자가 없기 때문이다

딸 필히와 54년을 단절하고 살았는데 죽을 임종 시에 찾게 되었다

필히야 내가 잘못했다

내 인생을 잘못 선택했다

나는 지옥에 간다

성철스님이 운명 직전 지옥의 석가를 보고 쓴 성철의 시

- 성철스님은 자신의 제자들과 저널의 기자가 보는 가운데 임종하였다.

석가는 원래 큰 도적이요

달마는 작은 도적이다

西天(서천)에 속이고 東土(동토)에 기만하였네

도적이여 도적이여!

저 한없이 어리석은 남녀를 속이고

눈을 뜨고 당당하게 지옥으로 들어가네
한마디 말이 끊어지니 일천성의 소리가 사라지고
한칼을 휘두르니 만리에 송장이 즐비하다
알든지 모르든지 상신 실명을 면치 못하리니
말해보라 이 무슨 도리인가
작약 꽃에 보살의 얼굴이 열리고
종녀잎에 夜叉(야차: 마귀 이름)의 머리가 나타난다
목 위의 무쇠간은 무게가 일곱근이요
발밑의 지옥은 괴로움이 끝없도다
석가와 미타는 뜨거운 구리 쇳물을 마시고
가섭과 아난은 무쇠를 먹는다
몸을 날려 백옥 난간을 쳐부수고
손을 휘둘러 황금 줄을 끊어버린다
산이 우뚝우뚝 솟음이여 물은 느릿느릿 흐르며
잣나무 빽빽함이여 바람이 씽씽 분다
사나운 용이 힘차게 나니 푸른 바다가 넓고
사자가 고함지르니 조각달이 높이 솟았네
알겠느냐 1 2 3 4 5 6 7 이여
두견새 우는 곳에 꽃이 어지럽게 흩어졌네

한국판 전도 폭발

억! ―(억 하는 소리와 함께 임종하다)

위의 시는 성철 스님의 운명 직전 〈시사저널〉 김훈 기자가 취재해온 것이며 이 시는 추상적인 시가 아니라 운명 전 영계를 직접 보고, 지옥의 석가와 달마와 가섭과 아난이 지옥에서 괴로워하는 모습을 시로 묘사한 것으로 영계에서 직접 보지 않고는 자기가 평생 섬겼던 석가를 도적이라고 말할 수 없었을 것이다.

석가와 달마도 극락을 가지 못하고 지옥으로 떨어져 괴로워하고 있는 모습을 성철 스님이 죽음 직전 그 광경을 보고 시로 옮긴 것이다.

2) 공자

공자님도 4대 성인 중에 한 분이십니다.

공자님은 춘추전국시대의 정치가이자 교육자였습니다.
공자님은 중국이 36개의 나라로 나뉘어 있을 때 노나라의 재상이 되었습니다.
공자님은 자기가 펼치려는 정치가 받아들여지지 않자 떠돌며 젊은 사람들을 가르치다가 나이가 들어서 고향 노나라로 돌아가게 되었습니다.
고국에 돌아가 보니 늙은 어머님이 평생 공자를 기다리다가 돌아가시고 안계셨습니다.
어머님께 불효한 것을 뉘우치며 좋은 음식을 차려 어머님을 기리게 되었는데 그것을 보던 주위 사람들이 좋게 여겨 따라하게 되었고 지금 우리가 지내고 있는 제사가 된 것입니다.

삼강오륜

공자님이 가르치려고 하는 유교의 핵심은 삼강오륜(三綱五倫)입니다.

삼강(三綱)

군위신강(君爲臣綱): 신하는 임금을 섬기는 것이 근본이요
부위자강(父爲子綱): 아들은 아버지를 섬기는 것이 근본이요
부위부강(夫爲婦綱): 아내는 남편을 섬기는 것이 근본이다.

오륜(五倫)

다섯 가지의 지켜야 할 도리. 오상 또는 오전이라고도 합니다.

君臣有義(군신유의): 신하는 임금을 섬기는 것이 근본이요
父子有親(부자유친): 아들은 아버지를 섬기는 것이 근본이요
夫婦有別(부부유별): 남편과 아내는 분별이 있어야 하며
長幼有序(장유유서): 어른과 어린이는 차례가 있어야 하고

朋友有信(붕우유신): 벗과 벗은 믿음이 있어야 한다.

유교는 종교가 아니라 사회에서 살아가는 도덕의 덕목일 뿐입니다. 그런데 유교의 특징은 '힘 있는 사람을 힘없는 자가 섬기라'고 하는 것입니다.
유교의 핵심인 삼강오륜을 보면 명백해집니다.
가진 자의 윤리가 삼강오륜인 것입니다.

불교와 제사

우리나라 고려시대의 종교는 불교였습니다.
불교를 믿었던 고려시대에는 제사가 없었습니다.
그러나 이성계가 역성혁명을 일으켜 조선을 세우고 왕이 되고 난 다음 또 다시 난이 일어날 것을 두려워하여 정도전을 통하여 불교를 배척하고 힘 있는 자에게 충성하는 유교를 국교로 삼게 된 것입니다.
그럼에도 불구하고 우리나라에서는 불교를 믿으면서도 유교의 의식인 제사를 지내고 있습니다.

불교를 믿으면서 제사를 지내는 사람은 불교와 유교를 섞어 믿는 사람입니다.

질문 김 선생님, 예전에는 불교를 믿었었다죠?
대답 네.

질문 제사도 지내셨습니까?
대답 네. 당연히 제사도 지냈죠.

질문 지금 알고 보니 김 선생님은 예전에 불교를 믿는다고 하면서 실제로는 윤회설을 주장하는 힌두교와 제사를 지내는 유교도 믿고 완전 짬뽕으로 믿고 살았군요.
대답 거참! 알고 보니 짬뽕으로 믿고 살았네요.

공자는 단 한 번도 자신을 믿으면 구원을 받는다거나 구원을 약속하지 않았습니다.
그 자신을 신이라고 말한 적도 없었습니다.
공자는 평소에 말하기를
"나는 아침에 도를 깨우치면 저녁에 죽어도 좋다."라고 했습니다.

공자는 인류의 스승이라 하기에 조금도 손색이 없는 분입니다.
그러나 아무리 공자가 훌륭한 스승일지라도 하나님께서 만드신 피조물일 뿐 신은 아닙니다.

3) 예수님 - 유일한 구원자

예수님은 오직 자신만이 구원자라고 말씀하셨습니다.
이 사실을 믿지 않으면 멸망당할 것이라고 말씀하셨습니다.
예수님은 석가모니나 공자와 같은 성인들과는 다른 분이었습니다.

그는 자신을 두고 말씀하시길
"나는 하나님의 아들이다."
"나는 구약에서 예언된 메시아다."
"내가 길이요. 진리요. 생명이다."
"나를 믿어야만 구원을 받는다."
"나를 안 믿으면 다 지옥에 간다."

게다가 예수님은 도무지 믿을 수 없는 말씀까지 하셨습니다.
"나는 죽은 지 사흘 만에 다시 살아날 것이다."

온 인류의 스승이 되려면 "욕심을 버리라"고 말씀하신 석가모니나 "부모에게 효를 다하라"고 말씀하신 공자님처럼 누구에게나 교훈이 되는 말씀을 해야 하는 것 아닙니까?

그런데 예수님은 자신을 믿어야만 구원을 받을 수 있고 그렇지 않으면 단 한 사람도 예외 없이 지옥에 간다고 말씀하셨습니다. 예수님의 말씀이 믿어지는 사람들에게는 복음입니다. 그러나 믿어지지 않는 사람들에게는 이보다 더 무서운 협박이 또 어디 있겠습니까? 예수님을 믿지 않는 사람들의 입장에서 볼 때에 예수님은 사기꾼이요. 미치광이가 아닙니까?

어떻게 이런 독선적인 분이 성인이 될 수 있을까요?

예수님을 믿지 않는 사람들은 예수님을 사기꾼이요, 미치광이라고 말해야 하지 않을까요?

예수님을 미치광이나 사기꾼으로 믿고 인정하든지, 아니면 예수님을 구원자로 믿든지 해야지 예수님을 믿지 않으면서 성인이라고 하는 것은 모순 중의 모순입니다.

역사의 기준점

온도

질문 김 선생님, 세상에는 기준이라는 것이 있습니다.
"오늘 날씨가 10도입니다."라고 할 때 온도를 나타내는 기준점은 무엇입니까?
대답 0도 아닙니까?

질문 맞습니다. 0도 이하로 내려가면 영하(-)를 붙이고,
0도 이상으로 올라가면 영상(+)을 붙입니다.
그러나 편의상 영상(+)은 생략하고 있습니다.

위도

질문 김 선생님 혹시 지구에도 위치를 나타내는 기준점이 있다는 것을 아십니까?
대답 네. 뭐 위도, 경도, 적도 이런 것 아닙니까?

질문 맞습니다. 적도가 0도 이지요.

우리나라 휴전선은 적도(0도)로부터 북위38도선이지요.

이처럼 지구에도 기준점이 있습니다.

A. D.와 B. C.

질문 김 선생님, 이와 마찬가지로 역사에도 기준점이 있다는 것을 아십니까?

기준점은 무엇일까요?

대답 그야 1년이겠죠.

질문 맞습니다. 1년입니다. 그럼 1년 그 이전은 뭐라고 하죠?

대답 B.C. 아닙니까?

질문 대단하시네요. 학교에서 배우신 모양이죠?

대답 네.

방금 김 선생님께서 1년 이전을 B.C.라고 말씀하신 것처럼 역사적으로 우리는 기원전을 설명할 때 B.C.를 붙입니다.

예를 들면

B.C. 1446년에 모세가 이스라엘 백성을 이끌어내고 출애굽을 했습니다.

B.C. 1023년에 다윗은 골리앗을 죽였습니다.

B.C. 323년에 알렉산더가 세계를 통일했습니다.

B.C. 63년에는 로마가 이집트를 무너뜨리고 로마제국이 되었습니다.

이럴 때 B.C.를 붙입니다.

질문 그럼 김 선생님, B.C.는 무슨 뜻일까요?
대답 글쎄요.

B.C.란 Before Christ의 약자입니다.
즉, '그리스도가 태어나기 전', '그리스도 이전의 세계', 이런 뜻입니다.

질문 그럼 1년 이후는 뭐라고 할까요?
대답 A.D.입니다.

질문 잘 아시네요. A.D.라 그러죠.
　　　그럼 A.D.는 무슨 뜻이죠?
대답 잘 모르겠는데요.

질문 A.D.(Anno Domini)란, 라틴어입니다.
　　　'그리스도의 해', '예수님의 해', '예수님이 태어난 해'라는 뜻의 로마 말이지요.
　　　오늘은 몇 년이죠?
대답 2019년입니다.

질문 2019년이란 A.D. 2019년이란 말씀이지요.
　　　다시 말하면 예수님이 태어난 해로부터 2019년째 되는 해라는 뜻이지요.

질문 김 선생님은 몇 년에 태어나셨죠?
대답 1977년생입니다.

1977년생이라고 하는 것은 예수님 탄생으로부터 1977년 된 해에 태어나셨단 말씀입니다.

우리가 알든 모르든 "나는 1977년생입니다." 하는 것은 앞에 A.D.는 생략되어 있어도 "나는 예수님이 태어난 해로부터 1977년 된 해에 태어났습니다." 이렇게 말하는 것과 같습니다.

그러니까 예수를 믿든 안 믿든 모든 역사는 이 두 가지를 사용합니다.
여러분들이 관공서나 인터넷 개인인증을 받으려고 주민번호를 적을 때 사실은 "나는 예수님이 태어난 해로부터 몇 년 후에 태어났습니다." 이렇게 적는 것과 동일합니다.
주민번호를 적을 때마다 이 사실을 꼭 기억하십시오. 예수님은 역사의 기원이십니다.
앞으로 하나님 앞에 가서
"나는 예수님을 몰랐습니다. 몰라서 믿지 못했습니다."
핑계 한다 해도 소용이 없을 것입니다.
하나님께서
"너는 매일 날짜를 기억하고 주민번호도 사용하면서 나를 몰랐다고 핑계할 수 있느냐?"
하면 당신은 무엇이라고 대답하시겠습니까?

제2장 불신자 전도의 유형 II

그러면 B.C.시대를 성경에서는 무엇이라고 할까요?
구약이라고 합니다.
구약은 앞으로 인간을 구원할 메시아가 오실 것을 예언한 성경입니다.

A.D.시대를 성경에서는 무엇이라고 할까요?
신약이라고 합니다.
신약은 구약의 예언대로 오신 예수님에 대하여 기록한 성경입니다.

B.C.와 A.D., 신약과 구약, 이 모든 것을 구별하는 기준은 예수님이 태어난 해입니다.

주일

질문 직장생활 하십니까?
대답 네.

질문 주일 즉, 일요일을 많이 기다리시겠네요?

대답 네.

질문 왜 기다리시는가요?
대답 쉬기도 하고 가족들과 함께 여행도 하기 위함입니다.

질문 이 주일이 무슨 날인지 아십니까?
대답 쉬는 날 아닌가요?

질문 우리나라 고려시대나 조선시대에 이런 쉬는 날이 있었을까요?
대답 잘은 모르겠지만 없었던 것 같은데요.

왜 전 세계 사람들이 주일에 쉬는지 아십니까?
사실 일요일은 일요일이 아닙니다. "주님의 날"입니다.

주일은 예수님이 십자가에 죽으시고 3일 만에 부활하신 날로 이 날을 기념하기 위해서 예배드리는 날입니다.
예수님께서는 제자들에게 자신이 고난을 받고 십자가에 죽고 난 다음 3일 만에 부활할 것에 대하여 누누이 말씀하셨습니다.

그러나 예수님의 제자들은 예수님이 3일 만에 부활한 것을 믿지 못했습니다.

예수님이 십자가에 돌아가셨을 때 제자들은 모두 다 도망가고 말았습니다.

예수님을 십자가에 죽인 로마와 유대인들은 '예수 종교는 끝났다.'고 생각했습니다.

예수님의 제자들도 동일한 생각이었습니다.

제자들은 두려워서 숨어 있었습니다.

그런데 예수님께서 말씀하신대로 부활하셨다는 소식이 들려왔습니다.

제자들은 도저히 믿을 수가 없었습니다.

심지어 부활하신 주님이 나타나셨을 때도 믿을 수가 없었습니다.

그러나 수많은 제자들이 예수님과 먹고 마시고 대화하면서 그분이 구약에 예언된 메시아임을 알게 되었습니다. 그들은 너무나 놀랍기도 하고 한편으로는 기뻤습니다.

그럼에도 불구하고 그 자리에 없었던 도마라는 제자는 "직접 눈으로 보고 만져보지 않으면 믿지 못하겠다."고 외쳤습니다. 며칠 후 부활하신 예수님을 제자들과 함께 만남으로 그때서야 도마도 예수님의 부활을 믿게 되었습니다.

사실 부활은 제자들도 믿기 어려웠던 것입니다.
예수님은 부활 후 공식적으로 11번이나 제자들에게 나타나셨습니다.
그때부터 제자들은 죽음을 두려워하지 아니하고
"예수님이 부활하셨다."
"예수님이 메시아이다."
"예수님만이 우리의 구원자이다."라고 외쳤습니다.

초대 교회의 설교 제목은 예수님의 부활이었습니다.
제자들은 "눈으로 보고, 들은 것을 전하지 않을 수 없다."라고 했습니다.
그들은 죽으면서까지 예수님의 부활을 증거 했습니다.
제자들은 수많은 고문과 죽음 앞에서도 예수님의 부활을 증거 했습니다.
그 당시 예루살렘 시민의 반 이상이 이 예수님의 부활을 믿고 증거 하였습니다.
이 사실을 전하다가 수천 명이 죽고, 수만 명이 죽고, 수십만이 죽었습니다.

질문 김 선생님, 만약 예수님이 부활하지 않았는데 종교하나 만들자고 거짓으로 '예수님께서 부활했다'고 칩시다.
그렇게 거짓말을 해서 생기는 이익이 뭐죠?
대답 이익은 없는데요.

질문 거짓을 위하여 수십만 명이 고문당하고 핍박받다 죽을 수 있을까요?
김 선생님도 로마시대에 기독교인들이 어떤 고통을 당했는지 책이나 영화를 통해서 알고 계시지요?
그들은 사자 밥이 되기도 하고 화형당하기도 하였습니다.
거짓을 위하여 이렇게 죽을 수 있을까요?
대답 한두 명도 아니고 좀 어렵겠는데요.

우리가 알다시피 예수님의 제자들이 신약성경을 기록하였습니다. 그들은 도덕적으로 고상한 사람들이었습니다. 자신들을 죽이려고 하는 사람들을 위하여도 오히려 축복했던 사람들이었습니다. 이런 분들이 무슨 이익이 있다고 부활하지 않은 예수님을 부활했다고 죽기까지 외쳤을까요?

로마제국도 처음에는 기독교인들을 무자비하게 핍박하고 죽였습니다.
그러나 그들도 예수님의 부활에 대하여 자세한 증거를 보고는 믿게 되었습니다.
심지어 로마 황제로부터 모든 일반백성들까지 예수님을 믿음으로 기독교 국가가 되었습니다. 이것은 역사적인 사실입니다.
그래서 예수님이 부활하신 이 날을 기념하고 예배하기 위해서 공휴일로 지정하였습니다.

질문 김 선생님, 주일이 어떤 날이라고요?
대답 예수님의 부활을 기념하여 예배드리는 날이네요.

질문 옳습니다. 주일은 노는 날이나 쉬는 날이나 여행가는 날이 아닙니다. 주일은 주님께 예배드리는 날입니다.

만약 사람들이 하나님 앞에 섰을 때에 "나는 예수님을 모릅니다."라고 해도 그 핑계는 통하지 않을 것입니다.

예수님께서 "너는 그렇게 주일을 기다려놓고 나의 부활을 모른다니 말이나 되느냐?"
라고 하면 당신은 무엇이라고 말할 수 있을까요?
잊지 마십시오.
주일은 쉬는 날이 아니라 예수님의 부활을 기념하고 예배하는 날입니다.

지금까지 살펴본 것처럼 예수님은 4대 성인을 뛰어넘어 우리의 유일한 구원자이십니다.
그 분을 믿음으로 우리는 구원을 얻을 수 있습니다.

제2장 불신자 전도의 유형 II

제3장

제3장은 처음 교회를 나온 사람들이 예배를 마치고
담임목사님과의 면담을 할 때에 2~3분이라는 짧은 시간이지만
대화를 통하여 전도대상자의 사상을 순식간에 무너뜨리고
복음을 전하는 방법입니다.
지금까지 담임목사를 만나 대화를 한 사람들 중 약 70% 정도가
예수님을 영접하게 되었습니다.
간단한 내용이지만 효과는 대단함을 곧 알게 될 것입니다.

***
제3장 대화를 마친 후 제1장을 복음제시로 사용하십시오.

불신자 전도의 유형 Ⅲ

1. 처음 교회 온 사람들을 만났을 때의 대화

질문 어서 오십시오. 반갑습니다. 오늘 교회 처음 오신 모양이죠?
대답 네. 처음 왔습니다.

질문 온 천지에 교회가 있는데 교회도 다니지 않고 뭘 하셨습니까?(웃으며)
대답 먹고 살기 바빠서요.

질문 그런데 김 선생님, 먹고 살려고 바쁘게 살지만 결국 먹고 죽는 것은 아시죠?
대답 뭐. 결국은 다 죽죠.

질문 그럴 리는 없겠지만 만약 오늘 세상을 떠나시면 갈 곳은 있습니까?
대답 글쎄요.

질문 김 선생님, 집을 한 채 사는데도 모델하우스를 몇 번이나 가보고 사고 차량을 한 대 사는데도 카달로그를 보고 사는데 태어난 인간은 100% 죽는 것이 사실인데 아무런 준비도 없이 산다는 것이 우습지 않습니까?
대답 바쁘다보니까 아무 생각 없이 살았네요.

질문 김 선생님, 바쁘다고 목적지도 모르고 아무 차나 탄다면 어떻게 되겠습니까?
 이런 기회에 예수님을 믿고 살아보시면 인생이 확 달라지게 될 것입니다.
대답 잘 알겠습니다.

질문 그런데 김 선생님, 믿을 바에는 처음부터 확실하게 믿어야 하나님의 큰 은혜와 복을 받게 됩니다.
대답 노력해 보겠습니다.

질문 김 선생님, 기회는 늘 오는 것이 아닙니다.

오늘 이 기회를 놓치면 언제 또 기회를 잡을 수 있을지 알 수가 없습니다.

오늘 김 선생님이 우연하게 교회 나온 것처럼 보여도 사실은 하나님께서 김 선생님을 사랑하셔서 불렀기 때문입니다.

오늘 예수님을 믿고 살면 운명이 달라지게 될 것입니다.

2. 무교 믿는 사람과의 대화
(처음 교회 온 사람들을 만났을 때 대화를 간단히 하고 난 다음)

질문 김 선생님, 종교가 무교시군요.(새가족카드를 보면서)
대답 네. 그렇습니다.

질문 그런데 김 선생님 참으로 대단하십니다.
　　　무교라고 하는 것은 '아무것도 믿지 않는다는 것을 믿는 것'이 아닙니까?
　　　어떻게 이런 종교를 다 가지고 계십니까?(웃으며)
　　　기독교나 불교를 믿는 것은 이해가 되는데 참 어려운 종교를 가지고 계시네요.
대답 글쎄요. 저는 잘 몰랐는데 알고 보니 좀 우습군요.

질문 이번 기회에 하나님을 한번 믿고 살아보시기를 바랍니다.
　　　오늘 예배드릴 때에 수천 명이 모였잖아요.
　　　이 사람들도 처음에는 다 김 선생님과 같았습니다.
　　　제가 이 사람들에게 막 세뇌교육을 시켜서 이들이 주일날 놀러도 가지 않고 이 자리에 오는 것이 아닙니다.

교회를 나오셔서 몇 번 예배를 드리다보면 하나님께서 김 선생님에게 무엇인가를 말씀해 주실 것입니다.
대답 네, 잘알겠습니다.

(여기서 전도대상자가 바빠서 못 믿겠다고 하면 위의 일반질문으로 돌아가면 됩니다. 예를 들어 김 선생님, 바쁘게 살아가지만 사람은 결국 먹고 죽는 것은 아시죠….
이 질문을 통하여 무교라고 주장하는 사람들의 정체성을 알리므로 복음을 전하는 기회로 삼고자 하는 데 있습니다.)

3. 불교 믿는 사람과의 대화
(처음 교회 온 사람들을 만났을 때 대화를 간단히 하고 난 다음)

질문 종교가 불교라고 되어 있네요?
대답 네. 그 동안 절에 다니고 있었습니다.

질문 제가 원래 처음 오신 분들한테는 이런 질문을 잘 하지 않는데…….
　　 혹시 불교의 무엇을 믿습니까?
대답 글쎄요.(대부분의 사람들이 대답을 하지 못하고 머뭇거린다)

질문 수십 년을 절에 다니셨는데 무엇인가 믿는 것이 있기 때문에 다닌 것이 아닙니까?
대답 절에 다니면 부처님 믿죠.

질문 부처님을 믿으시는군요.
　　 혹시 부처님의 무엇을 믿지요?(어색하지 않도록 웃으며)
대답 글쎄요.(95% 이상의 사람들이 여기서부터 대답을 하지 못한다)

사실 석가모니는 위대한 인류의 스승이십니다.

그는 왕자로 태어나서 인간의 생로병사의 고통에서 벗어날 수 있는 방법을 얻고자 출가했던 사람이었습니다.

석가모니는 한마디로 말하면 '욕심을 버려야 번뇌에서 벗어날 수 있다'는 사실을 깨달았습니다. 심지어 자기 자신이 존재하는 것조차도 잊어버리는 단계인 '무아의 세계'에 들어가야 된다고 말씀하셨습니다.

그러나 알다시피 석가모니는 단 한 번도 자신을 '하나님'이라거나 '자기를 믿는 자를 구원하겠다.'라고 하지 않았습니다.

오히려 석가모니가 살았던 인도사회에서 믿고 있었던 윤회설조차도 부정을 하였습니다.

윤회설의 교리는 원래 힌두교의 교리였습니다.

윤회설이란, 전생에 죄를 지으면 낮은 계급(카스트)에 태어나고 전생에 선을 행하면 높은 계급에 태어난다는 것입니다.

석가가 살았던 사회는 카스트제도가 모든 것을 결정했습니다.

사회생활도 결혼도 오직 카스트에 의해서 결정되었습니다.

높은 카스트에 태어난 사람은 전생에 선을 행하여 높은 카스트에 태어났기 때문에 낮은 카스트에 태어난 사람을 도와주기보다는 자신들의 권리만 주장하였습니다.

반면 낮은 카스트(천민)에 태어난 사람들은 죽고 난 다음 더 좋은 신분으로 태어나기 위해서는 지금 자신의 카스트에서 불평하지 않고 만족하며 어떤 수치와 모욕도 받아들이고 순응할 때에 더 좋은 신분으로 태어날 수 있다는 교리였습니다.

석가가 볼 때 이 카스트제도는 권력을 가진 자의 욕심을 채우는 수단이었습니다.

카스트제도에 의해서 신분은 고착화되고 무너지지 않는 철옹성이 되었습니다.

그러므로 석가모니는 이 카스트제도를 인간이 만든 제도 중 "가장 사악한 제도"라고 선언하고 카스트제도를 뒷받침하는 윤회설을 부정하였습니다.

석가모니는 윤회설을 주장하는 이상, 카스트제도가 없어지지 않을 것으로 보았기 때문입니다.

질문 김 선생님은 윤회설을 믿고 계셨습니까?
대답 네. 불교를 믿으니까 당연히 믿었지요.

질문 그런데 김 선생님은 알고 보니까 불교를 믿은 것은 아니라 힌두교를 믿고 계셨군요.
대답 거~참. 알고 보니 허무하네요.

질문 김 선생님, 이런 기회에 하나님을 한번 믿고 살아보시기 바랍니다. 너무 좋습니다.
대답 네. 잘 알겠습니다.

질문 김 선생님, 하나님을 믿을 바에는 처음부터 확실히 믿어야 인생이 변화되고 하나님의 큰 은혜를 받게 됩니다.
대답 네. 그렇게 한번 해 보겠습니다.

(위의 대화의 내용은 매 주일마다 실제로 일어나는 일이며, 매주일 수십 명의 사람들이 믿기로 결단하고 있다.
이 대화를 통하여 평생 믿었던 종교를 버리고 하나님께로 돌아오고 있다.)

4. 제사 때문에 교회 못 다닌다는 사람들과의 대화
(처음 교회 온 사람들을 만났을 때 대화를 간단히 하고 난 다음)

질문 종교가 무엇입니까?
대답 불교입니다.

질문 네. 불교를 믿으시는군요.
　　그런데 김 선생님, 우리나라 고려시대가 불교를 국가적으로 믿었던 시대였잖아요.
　　그런데 고려시대에는 제사를 지낸 적이 없다는 것은 알고 계십니까?
대답 네? 그게 무슨 말씀이십니까?

질문 고려시대는 불교를 숭배했지만 제사를 지내지는 않았습니다. 왜냐하면 석가모니는 내세를 믿지도 않았고 윤회설을 믿지도 않았고 불상을 만들거나 제사를 지내는 것도 하지 못하도록 유언하였습니다.
　　그런데 조선시대에 들어와서 태조 이성계가 사회질서를 안정시키기 위하여 불교를 버리고 중국에서 유교를 도입

하였습니다.

그때부터 제사를 지내게 되었습니다.

제사는 불교가 아니라 유교를 믿는 사람들이 지내는 것이었습니다.

성철스님도 그렇게 말씀하신 것을 모르십니까?

대답 처음 듣는 말입니다.

질문 그러나 사실입니다.

김 선생님, 알고 보니까 김 선생님은 불교를 믿은 것이 아니라 유교를 믿었군요.

대답 …….

질문 김 선생님 이런 기회에 하나님을 한번 믿어보시기 바랍니다.

너무 좋습니다.

5. 전에 예수 믿었다가 쉬고 있는 사람들과의 대화
(처음 교회 온 사람들을 만났을 때 대화를 간단히 하고 난 다음)

질문 김 선생님은 옛날에 교회 다녀보신 적이 있는 모양이시죠?(새가족카드를 보며)

대답 네. 청년부 때 교회 나가서 세례까지 받았습니다.

질문 네? 세례까지 받았다고요?
    김 선생님 큰 일 났군요.

대답 왜요?

질문 저는 김 선생님을 오늘 처음 만나 뵙지만 김 선생님처럼 옛날에는 교회 다니며 예수님 믿고 세례까지 받은 사람들이 어느 날부터 교회 다니지 않는 사람들의 공통점을 알고 있습니다.
    그 공통점이 뭔지 아십니까?

대답 궁금한데요.

질문 그 공통점은 되는 게 아무것도 없다는 것입니다.

김 선생님 저는 김 선생님을 잘 모르지만 제 말이 틀렸습니까?

대답 맞는 것 같군요.

질문 이대로 계속 나가시면 정말 되는 게 아무것도 없습니다.

세례까지 받은 사람들은 그 당시에 예수님을 인정하고 하나님의 자녀로 태어난 사람입니다. 하나님의 자녀가 하나님의 방법으로 살지 않고 세상적으로 살면 하나님은 그 자녀를 사랑하시는 고로 그 자녀가 돌아올 때까지 아무것도 안되게 하십니다.

오늘부터 신앙생활을 회복하시면 하나님께서 지나간 공백들을 회복시켜 주실 것입니다.

어떻게 하시겠습니까?

이대로 계속 가시겠습니까?

아니면 신앙도 회복하고 인생도 회복되기를 원하십니까?

대답 오늘부터 신앙생활 다시 한 번 해 보겠습니다.

질문 김 선생님 기회는 늘 오는 것이 아닙니다.

오늘 하나님께서 김 선생님을 회복시키시려고 부르셨습

니다.

이 기회를 놓치지 마시고 하나님의 부름에 응답하시기를 바랍니다.

대답 잘 알겠습니다.

(이 대화를 통하여 대부분의 낙심자들이 눈물을 흘리며 다시 신앙생활을 시작하는 모습을 매주 보고 있다.)

제3장 불신자 전도의 유형 III

제4장

제4장은 어쩌면 이 책 중에서 가장 중요한 내용이 될 것이라 믿습니다.
우리나라는 불교의 영향을 오랫동안 받아왔고 지금도 국민 대다수가
어떤 모양으로든지 불교의 영향을 받고 있습니다.
그럼에도 불구하고 불교인들도 불교의 교리에 대하여
잘 모르고 있으며 기독교인들도 불교에 대하여 잘 모르고 있습니다.
전도대상자인 대부분의 사람들이 불교의 영향을 받고 있는데
불교에 대하여 잘 모른다고 하는 것은 캄캄한 밤에
소경이 길을 가는 것과 무엇이 다르겠습니까?
이 장을 통하여 원래 석가가 가르쳤던 불교의 내용을 알고 난다면
복음전파에 있어서 놀라운 역사들이 일어나게 될 것입니다.

불교에 대한 이해

한국사회에서 불교는 모든 영역에서 영향을 미치고 있습니다. 하나님을 모르는 사람들에게는 더더욱 영향력이 큽니다.
그럼에도 불구하고 불교인들도 불교를 잘 모르고 있을 뿐만 아니라 기독교인들은 더더욱 불교를 모르고 있습니다.
천삼백만 명이나 되는 불교인들과 매일 부딪히면서도 간단한 불교에 대한 지식이 없다면 어떻게 복음을 전할 수 있겠습니까?
붓다에 대하여 알아가면 알아갈수록 인류의 위대한 스승이시라는 데 이견이 있을 수 없습니다.
그의 심오한 철학은 참으로 놀랍기 그지없음을 알 수 있습니다.
그러나 그는 신도 아니요, 구원자도 아니며 고통에서 허덕이는 중생을 그 고통에서 벗어나게 하고자 애썼던 안내자입니다.
그렇기 때문에 불교는 불교도 자신들이 말하는 것처럼 종교가 아니라 철학이요, 인간학이요, 휴머니즘입니다.
불교를 연구하다보면 지금 우리가 알고 있는 불교는 불교가 아니라 힌두교와 가깝다는 것을 알 수 있을 것입니다. 정통불교와 지금 한국불교는 상당한 차이가 있는 것이 사실입니다. 일찍이 성철스님도 봉암사 결사를 통하여 석가모니가 말하지 않고 가르치지 않은 내용을 배척하자고 결의까지 하였습니다.
그때에 많은 사람들이 그렇게 하면 법당이 운영 되겠느냐며 회의적인 시각을 가지고 있었으나 붓다가 말하지 않고 붓다가 가르치지 않은 것은 불교일 수 없다고 주장하였습니다.
한국의 많은 개혁적인 불자들이 "우리가 믿는 바가 불교냐? 힌두교냐?"며 외치고 있지만 현실적인 이유로 인하여 아직도 대다수가 침묵만 하고 있습니다.
아래의 글들을 읽다 보면 붓다가 무엇을 말하고 그 목적이 무엇인지를 알 수 있을 것입니다.

아래의 글들은 불교 강남포교원장으로 있는 성열원장이 쓴 "붓다 다르마"와 암베드카르의 "인도로 간 붓다"에서 인용한 글들입니다.
성열원장은 "고따마 붓다"를 쓴 저자로 2008년 불교출판문화대상을 받은 분입니다.
암베드카르는 간디와 함께 활동하며 인도의 헌법을 기초한 사람이었습니다. 그는 힌두교도였으나 수십만 명과 함께 불교도로 개종하였고 그를 통하여 약 1억 명이 불교로 개종하였습니다. 그가 탄생한 날은 국경일이 되기도 했습니다.
(참고 "붓다 다르마" 인용은 붓. "인도로 간 붓다"는 인. 이라고 하였음)

1. 불교의 특징

1) 불교는 흔히 종교에서 말하는 인격신 개념이 없으니 불교는 인간학이요 휴머니즘이다

이것이 불교의 특징입니다.(붓.20페이지)

붓다는 "나는 오직 여기 현존하는 것만을 추구하는데 너희는 여기 존재하지 않는 것을 위해 슬퍼한다"고 말해 현존하는 것을 추구할 뿐 과거의 문제나 사후의 문제와 같은 비현실적인 것들에 천착하지 않는다는 것을 분명히 했고 이것은 붓다의 삶 전체를 통하여 수도 없이 반복되어 설파되었던 말씀입니다.

붓다는 자아니 영혼이니 하는 것은 유명무실한 것이니 그것에 매달리는 것은 망상이라고 했습니다.(붓.42페이지)

붓다가 형이상학의 문제에 대하여 침묵을 지켰던 것은 현실의 고를 해결하는 데 아무런 보탬이 되지 않는다고 보았기 때문이지만 그 이면에는 그들보다 한 차원 높은 인식적 입장에서 볼 때에 토론할 가치조차 없는 말장난이라고 보았기 때문입니다.

붓다는 일관되게 경험을 통해 확인할 수 있는 것 이외에는 어떠한 판단도 내릴 수 없다는 입장에 서 있었습니다.

붓다는 중생의 현실문제와 동떨어진 사변철학을 멀리했습니다.

현실과 동떨어진 사변적인 문제는 "명분에도 맞지 않고 도리에도 맞지 않고 수행의 근본도 맞지 않고 지혜로 향하지도 않고 깨달음의 길도 아니며 열반으로 인도하지도 않기 때문에 말하지 않는다."고 했습니다.(붓.287페이지)

불교도 스스로도 인격신을 전제하지 않는 불교는 종교라 할 수 없다고 말하고 있습니다.

불교는 인간의 아들로 태어나서 존재의 실상을 깨달아 생사의 불안과 공포로부터 자유를 얻는 붓다의 가르침을 믿는 것이지 어떤 신이나 절대자를 떠받들지 않습니다.

붓다는 자신을 신격화하거나 절대화하는 것을 극구 반대했던 분입니다.(붓.49페이지)

2) 불교의 다양한 모습

불교는 붓다가 가르침을 시작할 당시에 상태를 보존하고 있다는 의미에서 원시불교, 근본불교, 초기불교라고 하며 이것을 정통불교라고 부릅니다.

정통불교는 붓다의 성도로부터 입멸 후 30년까지의 불교를 정통불교라고 하는데 경전으로는 '팔리삼장'과 한역된 '아함경'이 있습니다. 이것은 구전되다 1세기 중반에 문서화 된 것입니다.

붓다의 가르침을 파벌적 입장에서 해석하는 것이 부파불교이며, 붓다의 사상을 개인주의적으로 해석하느냐, 사회적 차원에서 해석하느냐에 따라 소승불교와 대승불교로 나뉘어지며, 붓다의 가르침이 전개되는 지역에 따라 남방불교, 북방불교로 불리워졌고, 전개되는 국가에 따라 인도불교, 중국불교, 일본불교, 한국불교, 티벳불교로 불리게 되었습니다.

또한 붓다가 깨달았던 경지를 지금의 이 생에서 증득하려고 하는가? 그렇지 않으면 지금보다 좋은 세상에 태어난 다음 생에서 성취하려고 하는가?에 따라 선불교와 정토불교로 나뉘어집니다.(붓.51페이지)

2. 불경들

B.C. 486년 붓다가 세상을 떠나자 스승의 장례를 치른 비구들이 제일 먼저 해야 했던 일은 붓다의 가르침을 훼손하지 않고 잘 보존하는 것이라 보고 오백 명의 고승들이 모여 경전의 결집에 착수했습니다. 오백 명의 고승들이 모여서 만든 것이라 하여 오백결집이라 하는데, 결집이란 붓다의 말씀이 문자로 기록되지 않은 시대였기 때문에 붓다의 말씀을 들은 사람들마다 다 다를 수도 있다고 보고 오백 명의 고승들이 이견이 있는 부분을 하나로 결론을 지어 묶었다는 뜻입니다.
이것이 노래와 암송으로 구전되어 오다가 최초로 문서화된 것은 B.C. 35년에서 A.D. 32년에 있었다고 하니 붓다의 가르침은 450년이나 구전된 후에 경전으로 기록되었던 것입니다.(붓.56페이지)

3. 정통불교

붓다가 세상을 떠난 B.C. 486년부터 약100년이 지난 뒤인 386년에 와이살리에서 최초로 붓다의 가르침에 대한 해석의 차이로 비구들 사이에 분열이 일어났는데 이 분열이 일어나기 전까지의 불교를 원시불교, 초기불교, 근본불교라 하여 이것을 정통불교라고 합니다.
정통불교는 붓다의 말씀을 대체로 그대로 전하고 있는데 붓다는 오직 현실문제를 해결하는데만 주력하였습니다.
붓다가 말한 것은 현실 세계요, 그 이외에는 말하지 않았습니다. 영혼이나 윤회나 이런 것들은 "단지 말로 설명이 있을 뿐이요. 물어도 알 수 없고 의혹만 증폭시키는 것이니 현실적으로 경험할 수 있는 영역이 아니기 때문에 말할 수 없다."라고 말했습니다.

선이니, 악이니, 정의니, 양심이니, 신이니, 영혼이니 하는 것들은 그런 것을 필요로 하거나 그것을 말해야 할 처지에 따라 말하는 것일 뿐 선악의 실체도 없고 정의나 양심의 실체도 없으며 신이나 영혼같은 것은 구체적으로 파악될 수 있는 것이 아니기 때문에 말할 필요가 없습니다.

실체가 없는데도 실체가 있는 것처럼 생각하는 것이 망상입니다. 불교인들이 기적을 운운하는 것이야말로 불교적이지 못한 무지의 소치라는 것을 알아야 하며 불교의 사고로 말하면 세상에는 기적과 같은 현상이 있을 뿐이지 기적은 없습니다.(붓.112페이지)

붓다는 당연히 그 당시 인도사회가 받아들이고 있던 힌두교의 윤회설은 "알 수도 없고 증명되지도 않는 것이니 망상이며 윤회설로 말미암아 카스트제도만 공고화시킨다"면서 "인간이 만든 제도 중 가장 사악한 제도가 카스트제도와 윤회설이다"라고 비판했습니다.

오늘날 붓다가 말할 수 없다고 침묵했던 문제를 말하고, 붓다가 유보했던 문제들에 대하여 어떤 확정적 단언을 내린다면 그것은 불교일 수 없는 것입니다.(붓.61페이지)

붓다가 말할 수 없는 것이라고 침묵했는데도 그 문제를 말한다면 그것은 자신의 사상은 될 수 있어도 불교는 아닙니다.

4. 열반과 해탈

　열반(니르바나)은 해탈과 동의어로 쓰기도 하는데 열반은 신비적이고 초월적인 것이 아니라 인간의 마음을 병들게 하는 탐욕, 분노, 무지로부터 자유로워진 것이요, 그것은 팔정도의 실천을 통해서 경험될 수 있는 것이라고 보고(붓.305페이지) 소유욕을 불러오는 애착에서 인간고의 원초적 뿌리를 찾고자 했습니다.(붓.257페이지)
즉, 아무것도 소유하지 않고 그 무엇에도 집착하지 않는 것이 열반인 것입니다.
참고로 팔정도란 여덟 가지 바른 길로서 바른 견해, 바른 생각, 바른 말, 바른 행동, 바른 생활, 바른 노력, 바른 기억, 바른 선정을 말합니다.

5. 영혼의 존재를 믿지 않았던 붓다

붓다는 영혼을 믿었는가?

결론적으로 말하면 그는 영혼을 믿지 않습니다. 그의 영혼설은 무영혼설로 불려지고 있습니다.

붓다는 영혼설 지지자들과 이런 논쟁을 했습니다.

영혼은 무엇인가?

영혼은 어디에서 왔는가?

육체가 숨을 거둘 때 영혼은 어떻게 되는가?

영혼은 어디로 가는가?

영혼은 육체와 유리된 후에 어떠한 형태로 존재하는가?

이런 의문들을 놓고 논쟁을 할 때 붓다는 먼저 자신이 즐겨 사용하는 반대심문형식으로 영혼을 믿는 생각이 얼마나 모호한 것인지를 보여주려고 노력했습니다.

그는 영혼의 존재를 믿는 사람들에게 영혼의 크기와 형태를 물었다. 그는 제자 아난에게 영혼과 관련된 주장은 무수히 많다고 말하면서 이런 말을 했습니다.

내가 사람들에게 "영혼은 어떤 형태로 존재하는가?"라고 물었더니 사람들은 "내 영혼은 미세한 형태를 가지고 있다"고 주장하는가 하면 "영혼은 형태를 가지지만 한없이 미세하다"고 말하기도 하고 "영혼은 무형이고 무한하다"고 주장하기도 했습니다.

내가 "영혼을 어떻게 지각하는가?"라고 물었더니
사람들은 "영혼이 느낌을 가지고 있다"고 말하기도 하고,
자신들의 영혼은 "느끼지 못하고 무감각하다"고 말하기도 하고,
자신의 영혼은 "느끼지는 못하면서도 감각을 가지고 있다"고 말하기도 했습니다.

또 내가 묻기를 "육체가 숨을 거둔 후에 영혼은 어떤 상태에 있는가?" 그리고 "육체가 숨을 거둔 후에는 우리가 영혼을 볼 수 있는가?" 등의 많은 질문을 했지만 돌아오는 대답은 애매모호한 것들이었습니다.

이러한 증명되지 아니하고 인식할 수 없는 영혼 존재에 관한 논의는 무익하다고 주장했습니다.
그는 영혼신앙은 신을 믿는 신앙과 마찬가지로 정견을 함양하는 데 유해할 뿐만 아니라 미신의 온상이라고 지적했습니다.

그는 마할리에게 영혼 같은 것은 존재하지 않는다고 단언했습니다. 그렇기 때문에 사람들은 그의 영혼설을 비영혼설이라고 했습니다.

붓다는 영혼에 기초한 종교는 막연한 억측에 기초한 것이라고 말했습니다. 어느 누구도 영혼을 본 적이 없고 영혼과 대화를 해본 사람이 없습니다. 영혼을 알 수도 없고 볼 수도 없습니다. 진정으로 존재하는 것은 영혼이 아니라 마음입니다. 마음은 영혼과는 다른 것이며 영혼신앙은 무익한 것이라고 말했습니다. 그러므로 영혼에 기초하는 종교는 무가치한 것이고 단지 미신을 만들어 내는 것이라고 말했습니다.(인.188페이지)

붓다는 영혼은 존재하지 않는다고 설법하는 한편 환생은 가능하다고 했습니다. 이를 두고서 서로 모순되는 두 가지 교리를 설법하는 것을 자가당착이라고 비판하는 사람들이 있었습니다. 이들은 영혼이 없다면 환생은 어떻게 존재할 수 있는지 물었습니다.
그때 붓다는 "망고씨앗에서 망고 나무가 자라날 것이고 그 나무는 망고라는 열매를 맺을 것이다. 이것이 망고씨앗의 환생이다.

그러나 이 망고에 영혼은 없다. 이와 같이 영혼이 없더라도 환생은 이루어질 수 있다"라고 했습니다.(인.321페이지)

6. 윤회설을 부정한 붓다

붓다는 전생에서 저지른 행동이 현세에 고통을 만들어내고 현생의 노력을 무의미하게 만드는 힘이 있다는 윤회설을 부정했습니다.
영혼을 부정했던 붓다가 윤회설을 부정하는 것은 당연한 것입니다.
전생이 있어 현세의 생활에 영향을 미친다는 주장은 힌두교의 주장과는 일치하지만 붓다의 주장과는 완전히 반대되는 개념입니다.
붓다는 전생이 내세를 좌우한다는 힌두교 교리의 기초는 참으로 간악한 교리라고 말했습니다.
그런 교리를 만들어낸 목적은 무엇이었을까요?
그 유일한 목적은 가난한 사람들과 신분이 낮은 사람들의 비참한 상황에 대한 국가나 사회의 책임을 회피하기 위한 것입니다. 그렇지 않고서는 그처럼 비인간적이고 몰상식한 교리를 만들어낼 수는 없습니다. 대자대비로 세상에 붓다가 힌두교의 그런 교리를 지지했을 것이라고는 도저히 상상할 수가 없습니다.(인.241페이지)
힌두교의 윤회사상은 계급사회에서 불만을 품는 대중이 항상

있게 마련인데 그 불만을 무력화시킬 수 있는 그럴듯한 논리가 되었습니다.

"너희들이 지금 당하고 있는 불행은 현실의 제도가 만든 것이 아니라 전생의 업보가 만든 것이다. 공연히 현실에 불만을 품거나 불순한 생각으로 제도에 도전하게 되면 그 악업으로 다음 생에는 더 심한 고통을 겪고 말 것이다."라는 논리를 전개하다보면 이 논리는 계급사회에서 불만세력을 무력화시킬 수 있는 좋은 구실이 되어 버립니다. 오늘날 인도가 세계역사상 유래를 찾아볼 수 없는 강력한 계급사회를 유지할 수 있는 데에는 바로 이와 같은 윤회설이 민중 사이에 받아들여지고 있기 때문이라 할 수 있겠습니다.

한마디로 말하면 윤회설은 붓다의 사상이나 설법에 반대되는 개념인 것입니다.

7. 불교신자들과 성도들에게 충격을 준 불교에 대한 설교 한 편
 - (스님도 바로 예수님을 영접한 말씀)

제목 : 불교는 종교가 아니다

1. 석가모니는 현재의 네팔 남부와 인도의 국경부근에 위치했던 카필라 왕국의 왕자로 태어나서 29세가 되던 해 생로병사의 고뇌와 108가지의 번뇌에서 벗어나려면 깨우쳐야 한다고 결심하고서 출가를 하게 되었다. 그 당시 B.C 500년경 인도와 주변 국가들은 모두 힌두국가였고 석가모니 또한 힌두교 신자였기에 육체의 고행을 통하여 깨달음을 얻고자 하였으나 고행을 통하여서는 해탈에 이룰 수 없음을 깨닫고 수행을 하던 중 마침내 35세가 되는 해에 큰 깨달음을 얻게 되었다. 깨달음을 얻은 석가모니는 인도를 중심으로 포교 활동을 시작하였고 그의 설법을 들은 사람들은 그를 깨달은 사람이란 뜻을 가진 부처(산스크리트어)라고 불렀다.
그가 깨달은 것은 무엇인가?
인간에게 생기는 108번뇌와 생로병사의 모든 고통은 사람이 가진 욕심 때문이며 만약 어떤 사람이 모든 욕심을 버리고 버려서 자기 자신도 없는 상태. 즉, 무아(無我)의 상태가 되면 모든 번뇌에서 벗어날 수 있다는 것을 깨달은 것이다.

이 무아(無我)의 상태를 "니르바나"라 하며 우리말로 번역하면 곧 "열반"이라고 한다.

스님들이 죽으면 열반에 들었다는 것은 더 이상 욕심이 없는 세계에 들어갔다는 의미이다.

그러나 석가는 단, 한 번도 자신을 구원자나 신이라고 말한 적이 없다. 제자들이 "사람이 죽으면 어떻게 되느냐?"고 물었을 때마다, "내가 살아서의 일도 모르는데 죽고 난 다음을 어떻게 알겠냐?"고 대답하셨다.

석가모니는 죽기직전에도 자기를 찾았던 제자들에게 "나는 도를 찾아가는 구도자이지 구원자가 아니다"라며 이후라도 더 좋은 진리가 있으면 그 진리를 찾으라고 하시며 제사를 드리거나 주문을 외우거나 탑을 돌거나 하는 것을 금지하며 숨을 거두었다.

사회적으로 석가모니의 위대한 업적은 힌두교의 윤회설과 카스트 제도를 사회의 공공의적으로 보았다는 것이다.

소수의 상류 계급을 유지하고 나머지 인간을 억압하는 카스트 제도를 정당화하고 뒷받침하고 있는 윤회(輪廻)설은 "인간이 만든 사상과 제도 중 가장 간악하고 사악한 것"이라고 규정하여 파란을 일으켰으며 결국 그는 힌두교에서 나와 불교의 창시자가 되었던 것이다.

2. 그런데 왜 불교는 종교처럼 보이나?

불교는 소승(小乘)불교와 대승(大乘)불교로 나눌 수 있다
소승(小乘)불교는 초기불교, 상좌불교, 원시불교라고도 한다.
소승(小乘)불교는 석가가 죽은 후 30년경에 500명의 승려들이 모여 석가모니 일평생의 모든 말씀을 다 기록하여 만든 '아함경'을 경전으로 하는 불교종파이다!
여기에는 내세(來世)사상이라고는 전혀 없다.
대승(大乘)불교는 석가모니가 사후 700년이 지난 이후인 B.C 200여년 경 남인도의 브라흐만 집안의 사제인 나가르주나가 창시한 신흥종교이다.
나가르주나는 소승불교를 알고 있었지만 혼자만의 해탈을 추구하는 소승불교는 이기적인 가르침이라 비판하고 일체중생(一切衆生)의 구제를 이상으로 내세우고 석가모니가 모른다고 했던 내세사상과 신화적인 요소를 접목시켜 신흥종교인 대승불교를

만든 것이다.

구글 위키백과사전에 《나가르주나》를 검색해 보면 대승불교의 창시자, 제2의 석가모니라고 나오는 것을 보면 대승불교는 원래 석가모니의 불교인 소승불교와는 전혀 다른 종교임을 알 수 있다. 이렇게 만든 신흥종교를 석가모니의 가르침인 것처럼 속이고 스스로를 대승(큰 가르침)이라 칭하고 원래 석가모니의 가르침을 소승(작은 가르침)이라 칭하며 경시했다.

결국, '소승불교'라는 명칭도 나가르주나가 자신이 만든 '대승불교'를 스스로 높이기 위해 만들어낸 이름인 것이다.

이렇게 만들어진 대승불교는 인도 전 지역에 왕성하게 퍼져나가게 되었으나 내세 사상이 없었던 소승불교는 스리랑카 일부 지역에서만 그 명맥을 유지하고 있었다. 이 와중에 당나라 시대 때 '현장법사'는 인도에 건너가 불교를 공부하고 불경들을 가져왔다. 그러나 참으로 놀라운 것은 원래 석가모니의 불교(소승불교)가 아닌 대승불교라는 가짜 불교를 중국에 가져와 포교하게 되었고 이것은 신라, 백제등에 그대로 전파되었으며 백제를 통하여 일본에 까지 퍼져 나가게 된 것이다.

다시 말하자면 어떤 사람이 우리나라에 기독교를 배우러 와서 신천지를 배워서는 자기 나라에 가서 이것이 기독교라고 포교

한 것과 마찬가지인 것이다.

대승불교는 불교계 내부에서도 불교가 아니라고 이야기하고 있는데 이러한 것을 '대승비불설'이라고 한다.

> 대승비불설이란?
> "대승불교 경전은 성립 시기가 늦기에 석가모니의 가르침으로 볼 수 없어서 대승 불교의 가르침은 석가모니의 가르침이 아니라는 주장" (구글 위키 백과사전)

참고로 대승불교의 경전은 화엄경, 반야심경, 천수경, 아미타경, 금강 경 등등이 있는데 이 모든 경전의 말씀이 석가모니의 진짜 말씀이 아닌 후대에 만들어져 전해온 것이라니 얼마나 황당한 일인가!

봉암사 적명스님이 성철스님과 나눈 대승비불설에 관한 내용을 다룬 법문을 보면 대승불교가 석가모니의 가르침이 아니라는 것을 성철스님도 명백히 알고 있었음을 보여주고 있다.

> 눈물 지으며 감동 깊게 읽은 대승경전이 다 거짓이라니……
> 〈봉암사 수좌 적명 스님이 제주불자들에게 들려준 법문 내용 중〉

제4장 불교에 대한 이해

고향 여러분들께, 불교의 핵심에 대해 말씀을 드릴까 합니다.
제가 28살에 되던 해에 성철 스님을 뵈러 해인사를 처음 갔습니다.
당시 성철 스님도 파계사에 계시다가 친한 도반인 자은 스님이 계셔서 해인사에 주석하고 계셨습니다.
제가 성철스님을 뵙자 처음부터 "대승비불설(大乘非佛說)을 어떻게 생각하십니까?"라고 물었습니다.
왜 보자마자 그 질문을 드렸냐하면 제가 출가 후 처음 대승경전을 봤는데 대승경전 이야기들이 부처님의 사실 그대로 기록한 것으로 알았어요.
부처님이 기원정사에서 하신 말씀과 사리불과 주고받는 이야기에 부처님을 신처럼 느껴질 정도였고, 어떤 부분에선 감동이 밀려와 목이 메고 눈물이 날 지경이었어요.
그래서 경전을 제대로 못 읽을 정도였어요.
그런데 대승경전이 부처님이 친히 설한 것이 아니고 부처님이 입적 후 한참 후에 만들어진 경이라는 것을 알고 속은 느낌이랄까? 사기 당한 느낌이랄까? 그렇게 눈물지으며 감동 깊게 읽었던 경전이 다 가짜라는 생각에 '스님 노릇을 그만해야 하나' 라고 회의감까지 들었어요.

그래도 내 자신을 설득하고 용맹정진 하면서 마음은 진정됐는데 의심의 뿌리는 없어지지 않았어요. 성철 스님이 저보다 27살 위셨으니까 40대 후반이셨을 겁니다.

내가 이제 80이 다됐으니까(웃음). 성철 스님은 선과 교를 겸해 박학다식 하셨고, 이미 유명하셨어요.

내 의심 덩어리를 던질 선지식을 발견한 셈이었습니다.

그래서 성철 스님께 인사를 하자마자 "대승비불설을 어떻게 생각하십니까"라고 물으니 스님은 마치 그 질문을 기다렸던 사람처럼 그 심한 경상도 사투리로 답을 마구 쏟아냈어요.(웃음)

성철 스님은 "대승비불설이 부처님의 진설이 아니라는 것은 맞기는 맞아예……

(제주불교신문, 2017.04.07 인터넷기사 발췌)

이러한 사실은 불교조계종 제7대 종정을 지낸 '성철스님'도 잘 알고 있었으며 평생을 믿고 닦았던 진리가 가짜라는 사실을 알고서는 자신의 입으로 이렇게 말하기도 하였다.

"극락이 있다고 믿는 사람은 잠잘 때 꿈속에서 잠꼬대하는 소리와 같습니다. 불교를 노인들이 죽어서 극락이나 가려고 염

불을 하는 종교로 착각하는 사람이 많은데, 이러한 생각은 매우 잘못된 생각입니다. 사람이 만들어 놓은 부처는 허수아비에 불과한 것입니다.
저는 일생동안 부처 앞에 절을 하거나 목탁을 치고 염불을 한 적은 한 번도 없습니다."

(1982년 석탄일 법어)

소승불교는 신이 없기 때문에 극락, 지옥이라는 개념이 없다고 말하며 지금도 동남아지역의 소승불교에서는 출가를 기본으로 한 의식이 강하고 극동지역의 대승불교에는 이런 극락과 지옥의 개념이 유입되어 만들어진 신흥종교인 것이다.
무소유로 유명했던 법정스님의 유언이나 성철스님이 딸 필히에게 남긴 유언만 보더라고 어디에도 극락이나 내세적인 말은 없다.

《성철 스님의 유언》
"내 죄는 산보다 높고 바다보다 깊은데 내 어찌 감당하랴.
내가 80년 동안 포교 한 것은 헛것이로다.
우리는 구원이 없다.
죄 값을 해결 할 자가 없기 때문이다."

> "필히야, (딸 필히와 54년을 단절하고 살았는데 임종 시에 찾게 되었다.)
> 내가 잘 못했다.
> 내 인생을 잘못 선택했다.
> 나는 지옥에 간다."

위 성철스님의 유언에서도 보듯이 일평생 믿었던 것이 가짜라는 사실을 알게 되었을 때 그 상실감은 말로 다 할 수 없을 것이다. 결국 불교는 사회적인 도덕과 질서를 지키는 윤리는 될 수 있어도 구원을 주는 종교는 아닌 것이다. 이 설교 한 편을 통하여 불교에 대한 모든 것을 다 설명 할 수 없지만 독자 스스로 인터넷 등을 통하여 깊이 알아 볼 수 있기를 바란다.

한·국·판··전·도··폭·발